妊娠・出産をめぐるスピリチュアリティ

橋迫瑞穂
Hashisako Mizuho

a pilot of wisdom

JN042863

はじめに

現代日本社会に生きる女性たちにとって、妊娠・出産は依然として重要な出来事である。しかも、それは多くの女性たちにとって、単に医療的な事柄であるだけでなく特別な意味や価値を伴う体験として受け取られている。妊娠・出産が、霊的、精神的、超越的な意味を含む宗教的な事象を指すスピリチュアリティと接続しているのは、そうした理由に基づいている。

では、妊娠・出産のスピリチュアリティはどのような内容を現代社会に示しているのだろうか。それが社会に広まった背景として、何が考えられるのだろうか。こうした問題について考えてみるのが、本書の主題である。

スピリチュアリティという言葉は、今日におけるある種の宗教的動向を指す概念としても使われる。すなわち、既存の宗教とは異なり、霊的、超越的な事柄を求める人びとが個々人で聖性を求める体験を希求しながらも、特有の世界観を共有する動向がスピリチュアリティと呼ばれる。スピリチュアリティには教義や教団組織がないのが特徴であるが、生成される価値観や世界観はモノや情報を媒介として広まりを示すことがある。さらに、それらのモノや情報の一部はコンテンツとして金銭を介してやりとりされるようになり、ここに「スピリチュアル市場」が誕生した。

「スピリチュアル市場」は、日本社会において女性を中心に一定の広がりを示している。そこでやりとりされるコンテンツの大部分が女性向けであり、関連するイベントの参加者もほとんどが女性であることから、そう言って間違いないだろう。こうしたコンテンツは、スピリチュアリティに関心が薄い層にもテレビ番組や雑誌、書籍、ウェブサイトなどのメディアを通して浸透している。具体的なコンテンツとして、人が放つ霊的な力だという「オーラ」とか、特別な「気」を有する場所とされる「パワースポット」、特殊な力を秘める石とされる「パワーストーン」などが挙げられる。

「スピリチュアル市場」のなかでも急速に注目されるようになったのが、女性にとって重要な出来事である妊娠・出産に関連するコンテンツである。例えば、例年八月に開催される「スピリチュアル市場」の代表的なイベントの「癒しフェア」では、妊娠・出産に向けた心構えや不妊治療、あるいは代替療法を用いた育児法に関する講演会が開催されてきた。会場では妊娠・出産に効果があるとされるスピリチュアルなグッズや、関連する書籍や雑誌などが販売されたりしている。さらに妊娠・出産に関するコンテンツは、メディアを通して社会に広まりを見せた。例えば、関連する書籍がベストセラーになったり、映画が人気を集めたりしていることや、一般女性誌などでも関連するトピックがしばしば取り上げられていることが挙げられる。

その典型的な例が本書で取り上げる、妊娠・出産を司《つかさど》る臓器である子宮を重視して聖性を付与する「子宮系」、生まれてきた子どもは母親の胎内にいた時のことを記憶していると主張する「胎内記憶」、そして過度に医療に頼らずに女性ができるだけ「自然」なやり方で出産することを推奨する「自然なお産」なのである。

これらのコンテンツは、子どもを産み育てることの価値について確信を持てるように鼓舞することで、女性たちを妊娠・出産に向けて後押しするという内容が含まれている。そこには、産むことを決断する意味や価値を、自分の内側に積極的に見いださなければならない日本の現況がある。

なぜならこの社会は、妊娠・出産を経て子どもを持つことに伴う負担を女性だけに課し、常に決断と絶え間のない努力を女性だけに要求してくるからである。さまざまな困難を経て子どもを産んだとしても、子どもが健やかに成長し、豊かな未来が開けるという確かな展望を持つことができるわけではない。

　こうした社会に子どもを産み出すという決断が困難であればこそ、妊娠・出産が素晴らしい体験であることを願う女性たちの思いに、一層切実なものがあることは想像に難くない。スピリチュアリティは、そんな女性たちの妊娠・出産に対して、特別な価値や意味を付与するものとして現出したのではないだろうか。妊娠・出産が科学を基盤とする医療の管理下で行われる現代にありながら、スピリチュアリティと結びつけられる事情がここにある。

　だが、このようなとらえ方が妥当かどうかは個々のコンテンツを検討した上で、吟味を要することであろう。なぜならこの社会における妊娠・出産の意味を改めて問い直すことも必要になるからである。そしてその目的のためには、女性の問題と向き合ってきたフェミニズムとの関係にも注目する必要がある。

　このような理由から、本書は妊娠・出産をめぐるスピリチュアリティの現況を検討するために以下のような構成を取っている。第一章ではスピリチュアルやスピリチュアリティという言葉の持つ意味を確認しつつ、妊娠・出産が宗教や宗教的なものとどのように関わってきたのかを明らかにする。次いで第二章では「子宮系」、第三章では「胎内記憶」、第四章では「自然なお産」という具体的なコンテンツについて分析する。そして第五章では、妊娠・出産のスピリチュアリティとフェミニズムの関わりに目を向ける。これらを踏まえて、第六章では改めて、妊娠・出産をめぐるスピリチュアリティのありようが示す意味について総合的に考察する。

また、本書では妊娠・出産に関連する書籍を分析の対象として取り上げる。すでに述べたように、妊娠・出産のスピリチュアリティはメディアを通して広まってきたが、なかでも書籍の影響力が大きい。その理由として、関連する書籍が、書店で女性向けの自己啓発や健康情報のコーナーに置かれていたり、コンビニエンスストアでも販売されるなど、手軽に手に取りやすい状況にもなっていることが挙げられる。本書では「スピリチュアル市場」に注目するため二〇〇〇年代以降に出版された書籍を主に取り上げているが、場合によってはそれ以前の書籍にも注目した。なぜなら、後により詳しく論じるが、妊娠・出産のスピリチュアリティをめぐる言説はすでに一九八〇年代から現れているため、比較の対象として重要な意味を持つからである。

筆者はこれまで「スピリチュアル市場」の検討を進めるにあたって、実際に「市場」の現場に足を運んで調査を行ってきた。妊娠・出産に関連するコンテンツに対して、特に強い関心が向けられていることも「市場」の現場で感じたことである。特に、二〇一一年三月一一日に起こった東日本大震災と、続いて起こった福島第一原子力発電所事故の後では、その関心が一層熱を帯びたような印象を受けた。

しかし、スピリチュアリティについてはその事柄の性質上、フィールドワークで把握できることに限界がある。そもそも「スピリチュアル市場」でどのようなコンテンツが売買されているのかについて、現場では十分に把握することができない。そのためスピリチュアリティに関する研究は、必然的にメディア研究とも接続する必要があるということが議論されてきた。なかでも、現代日本社会におけるスピリチュアリティについて正面から検討している宗教学者の堀江宗正《のりちか》は『ポップ・スピリチュアリティ——メディア化された宗教性』（岩波書店、二〇一九年）のなかでその点を強く主張している。本書も同じ観点に立脚し、書籍を中心とするメディアに今回注目している。

ところで、「スピリチュアル市場」で妊娠・出産に関わるコンテンツが広まった理由として、女性たちの切実な思いがあることはすでに指摘した。だが、同時に危うさも目立つようになってきた。今日では妊娠・出産は医療に基づいて行われるのが一般的であり、医療の発展が死産率や妊婦の死亡率の大幅な減少をもたらしてきたことは疑いようがない。

しかし、もともと「スピリチュアル市場」で提供されるコンテンツのなかには、科学的な知見に反する内容が多く含まれており、なかには、医療の受診を妨げたり、健康に害を及ぼしかねないコンテンツも見られる。この点は、妊娠・出産に関わるコンテンツにおいても同様である。

「スピリチュアル市場」をめぐっては、金銭問題が浮上するようになったことも見逃せない。「スピリチュアル市場」のコンテンツは金銭で賄われる消費財であり、それに傾倒すればするほど出費が嵩《かさ》むことになる。「市場」で目立つインフルエンサーの影響を受けて、効果が定かではない商品を購入したり、参加費の高額な講演会やイベントに足繁《あししげ》く通ったりする女性もいる。最近では、実際に役立つとは思えない資格を取得するために、スピリチュアルに関連するスクーリングに通うケースもある。スピリチュアルなコンテンツに費やしている最中は気分が良くても、気が付いたら必要なお金さえ手元に残っていないという状況もありうるだろう。

ただし、宗教やスピリチュアリティに入れ込んで、生活に支障をきたすほど金銭を使い果たす人がいるのは今に始まったことではない。一九八〇年代から九〇年代にかけて興隆してきた宗教教団が、信者やその家族、さらには関係者に高額商品を購入させて、多額の金銭を詐取する霊感商法が社会問題となった。霊感商法との相違も踏まえて、本書ではコンテンツそのものに注目しながら金銭問題についても取り上げる。

また、最近ではネットや新聞などでスピリチュアリティとナショナリズムとのつながりが注目されている。スピリチュアリティとナショナリズムの結びつきが注目されたのは、当時の首相夫人のスピリチュアリティに関わる行動が影響している。確かに、「スピリチュアル市場」でやりとりされるコンテンツには、強固なナショナリズムがあらかじめ組み込まれている場合もある。とはいえ、「スピリチュアル市場」におけるコンテンツは多様であり、ナショナリズムと親和性が高いものばかりというわけでもない。

しかし、妊娠・出産をめぐるスピリチュアリティにはナショナリズムとの親和性が高い傾向がうかがわれる。そもそも妊娠・出産自体が、少子化や国力との関係で問題視されたり、保守的な家族観に基づいて取り沙汰されたりする。それが、スピリチュアリティと接続するのは意外なことではなく、実際、「スピリチュアル市場」で妊娠・出産に関するコンテンツをリードするインフルエンサーがナショナリズムを強調する発言をしたり、保守的な家族観の流布を目指す団体に所属しているといったことは珍しくない。

だが、コンテンツの内容それ自体を検討すると、妊娠・出産のスピリチュアリティとナショナリズムは、従来の意味での保守的な国家観や家族観と異なる新たな関係が形成されていて、複雑な様相を呈している。それは、妊娠・出産のスピリチュアリティが伝統宗教に依拠するよりも、新しいコンテンツとして社会に現出した理由と関係しているのである。本書では、妊娠・出産のスピリチュアリティとナショナリズムについても注目しながら、検討を進めていきたい。

ただし、本書は「スピリチュアル市場」における妊娠・出産のコンテンツを批判的な観点に限定した形で取り上げることはしない。あくまで、資料が示す事柄に正面から向き合うことで、事態の全体像を描くことに最も重きを置いている。こうした女性向けのコンテンツを取り上げることは、時に女性たちを「無知な存在」とみなしてジャッジするような権力関係を発生させる可能性を孕《はら》んでいるからである。しかし、それでは肝心の問題に対する正確な見方を歪《ゆが》めてしまう恐れがある。資料の分析にあたっては、詳細に検討しつつ、ある種の違和を感じた場合には、その都度言語化することを心がけた。それが、価値自由を原則とする社会学に基づく調査、研究において、資料に向き合う作法だと考えている。このことを改めて確認して、本題に入ることにしよう。

目次

第一章　妊娠・出産のスピリチュアリティとは何か

妊娠・出産と宗教

二〇〇〇年代以降に興隆した「スピリチュアル市場」では、妊娠・出産という体験や、さらには母になることを重視するコンテンツが人気を集めている。ここでいうコンテンツとは、書籍や映画、雑誌、関連する各種のグッズなどのことを指す。「スピリチュアル市場」ではスピリチュアリティがコンテンツとしていわば加工されることで、特色ある消費財が数多く生産されてきた。そのなかでも妊娠・出産にまつわるコンテンツは、スピリチュアリティに関心が強いわけではない女性たちにも広まったという特徴を有している。

だが、妊娠・出産や母になることと宗教の結びつきは「スピリチュアル市場」の登場で初めて現出したのではなく、両者は密接に関係してきた歴史がある。また、スピリチュアリティと妊娠・出産とが結びついたのは偶然ではなく、時代的、社会的な必然性を伴っている。

では、妊娠・出産やさらには母になることと、宗教やスピリチュアリティとはどのように関係してきたのだろうか。そこにはどのような時代的、社会的背景や、女性のありようが反映しているのだろうか。「スピリチュアル市場」における妊娠・出産のコンテンツに焦点を当てるためにも、妊娠・出産や、さらには母の位置づけと、宗教との関係についてその全体像を精査しておきたい。そのために、本章では三つの論点を整理する。

第一に、スピリチュアリティとは何を指すのかについて、「スピリチュアル市場」との関わりに焦点を当てながら見ていく。「スピリチュアル市場」とは文字通り、スピリチュアリティにまつわるモノや情報といったコンテンツが売買されるマーケットである。「スピリチュアル市場」は二〇〇〇年代に入って日本社会に広がり、スピリチュアルやスピリチュアリティという言葉が頻繁に使用される契機ともなった。しかし、スピリチュアルとスピリチュアリティとが何を指すのかはあいまいであるため、議論を進めるにあたって改めて確認しておく必要があるだろう。

次に、妊娠・出産と宗教や宗教的なものとの関係について注目し、それがどのような変遷を経てきたのかを整理する。妊娠・出産と宗教や呪術は、歴史的に見てもともと不可分な関係にあったが、近代化とともに両者の結びつきは希薄化していく。なぜ希薄化したのか、そしてどのように変化してきたのかについて、近代化による社会の変遷を踏まえて検討するのが、第二の論点である。

そして第三に、第一、第二の論点についての考察を踏まえ、「スピリチュアル市場」の登場をきっかけに、妊娠・出産とスピリチュアリティとの結びつきが深まった理由を、八〇年代以降の日本社会における新しい宗教的潮流に焦点を当てつつ検討する。その際には、宗教社会学者であるピーター・L・バーガーによる「世俗化」の見地を参照しつつ、「スピリチュアル市場」の登場と、妊娠・出産に関わるコンテンツを検討する上で押さえておくべき点を整理し、確認しておきたい。

「宗教ブーム」から「スピリチュアル市場」へ

日本社会においては「スピリチュアル」が大衆的に使用されている一方で、学術的には「スピリチュアリティ」が使用されるというように、ゆるやかに使い分けられているのが現状である。[*1] また、「スピリチュアル」「スピリチュアリティ」は本書が扱う消費的な性格としてだけでなく、終末医療のケアの現場などを含めて多方面において使用されており、その意味内容も多義的である。[*2]

そのためにまず、どのような意味で「スピリチュアル」「スピリチュアリティ」という言葉を使うのかを明確にしておきたい。本書では、スピリチュアリティ研究に大きな影響を与えた宗教学者である島薗進《しまぞのすすむ》による議論に立脚する。すなわち、この場合のスピリチュアリティという言葉を、新霊性運動・文化とほぼ同じ意味で用いることとしたい。

島薗は「新霊性運動・文化（New Spirituality Movement and Culture）」について、それが一九七〇年代の「宗教ブーム」のなかから興隆したと述べている。「宗教ブーム」とは文字通り宗教や宗教的なものが社会において広まり、多くの支持を受けた事象を指す。「宗教ブーム」が到来した理由として島薗は、高度経済成長期を経て豊かになった社会において、「心」の充実化が図られるようになったことを挙げている。

この「宗教ブーム」は、三つの要素から成り立っている。一つは、書店で「精神世界」のコーナーが設けられて、そこに禅や超能力、瞑想《めいそう》などさまざまなテーマを扱った書籍が並べられるなどの現象が挙げられる。二つ目の要素は、この「精神世界」に大きな影響を与えたニューエイジ運動・文化で、欧米において一九六〇年代に若者を中心に広まった宗教的実践を志向する潮流のことを指す。ニューエイジ運動・文化は、キリスト教が普及する以前の土着信仰を復興しようとするネオ・ペイガニズムとか、神秘的な直観や啓示を通して神聖な知識を獲得することを目指す神智学、そして「東洋」の宗教などの影響を受けて展開されてきた。また、ニューエイジの流れを汲《く》んで、科学的な見方と宗教的な見方の融合を目指すニュー・サイエンスも注目されるようになった。

「宗教ブーム」ではさまざまな宗教教団が興隆しているが、これが三つ目の要素である。その新しい宗教教団の一群は新新宗教と呼ばれているが、同時期にはそれ以前からある新宗教も再び注目を集めるようになった。新宗教とは一九世紀初めから、社会の近代化に応じる形で出現した宗教群のことを指す。新宗教は伝統宗教と異なり、現世での幸せを獲得するという現世利益に主眼を置くものであった。具体的には、「貧・病・争」を解決することで、家族をより良い方向に導くという考えが主軸となっている。こうした動向は、都市化によって人間関係の希薄化が急速に進むにつれて活発化していったと言われている。新宗教に分類される教団としては、天理教や大本教《おおもときょう》、創価学会などが挙げられる。[*3]

新新宗教は一九七〇年代以降に起きた「宗教ブーム」のなかで登場してきたもので、メディアを通して宗教に関する新しい情報が拡散されるようになったことが大きく影響している。そのなかで台頭した新新宗教は、「空《むな》しさ」を解決することに重点を置く点で、新宗教と異なる特徴を持ち、個人主義を重視して、瞑想などを通して神秘的な体験を得ることに主眼がある。このような新新宗教に分類される教団として、エホバの証人や真如苑《しんにょえん》、そしてオウム真理教などが挙げられる。

新霊性運動・文化は以上三つの要素からなる「宗教ブーム」のなかで、教団といった組織を形成せず、個人主義を尊重する人びとに支持されてきた宗教的潮流のことを指す。島薗は『ポストモダンの新宗教――現代日本の精神状況の底流』において新霊性運動・文化を「自己自身の意識や心身をもっと自由にして本来の自分を回復し、霊的精神的に高次のものを養うということである」と定義する一方で、以下のように述べている。

しかし、この運動を支持する人たちは明確な輪郭をもった集団を作って、その規範に服しお互いを束縛し合うことを好まない。ゆるやかなネットワークによって、周囲にしだいに意識の変容を広げていこうとする個人主義的な運動である。運動とよべるほどに共同のプロジェクトに参加しているという意識をもたない人も多いので、「新霊性文化」とよんだ方が適切なほどである。この運動（文化）に共鳴する人は、また「宗教」という言葉に否定的な響きを感じる。自分たちが求めているのは束縛的閉鎖的な「宗教」というより、開放的な「霊性」（spirituality）とよぶべきものだとする。

このように、新霊性運動・文化は七〇年代以後に宗教や宗教的なものの興隆に根差すと同時に、個人主義を貫くことによって現在まで継続してきた。

他方で、七〇年代以後において、いわゆるオカルトや占い／おまじないなどがテレビや雑誌、マンガなどのマスメディアを通して大衆に広まった呪術＝宗教的大衆文化の興隆も見逃すことはできない。この呪術＝宗教的大衆文化は、まとまった世界観を持たないという点で新霊性運動・文化と異なる。ただし、組織を回避する消費者の立場を取る人たちは、新霊性運動・文化と呪術＝宗教的大衆文化の両方を志向する場合も少なくないと島薗は指摘している。

こうして一九七〇年代以来の「宗教ブーム」は八〇年代に入っても継続していた。しかし、九五年にオウム真理教による地下鉄サリン事件が起こったことによって、「宗教離れ」とも言える風潮が社会に現出したと言われている。

だが、二〇〇〇年代に入ると「スピリチュアル・ブーム」が社会に到来した。「スピリチュアル・ブーム」とは「スピリチュアル・カウンセラー」を名乗る江原啓之《えはらひろゆき》の登場により、パワースポットやヨガ、オーラ、占いといったものに注目が集まるようになった現象を指す。こうしたコンテンツは「宗教ブーム」のなかでも、新霊性運動・文化の流れを汲んでいると言える。呪術＝宗教的大衆文化の性格も有してはいるが、それよりもスピリチュアリティにより深くコミットしていることや、支持者同士が同じ世界観をゆるやかに共有し、凝集性を有していることがその根拠として挙げられる。

そして、より消費的な性格が顕著になったことが注目される。二〇〇〇年代以降、マーケット方式でスピリチュアルなコンテンツを売買する「すぴこん」や「癒しフェア」といったイベントが、日本各地で開催されるようになった。また、ブログやＳＮＳでのやりとりを通して、スピリチュアリティに関与する人びとの行動が活発化したのである。この点が、七〇年代以来の「宗教ブーム」と大きく異なる特徴と言える。[*4]

その他にも、いくつか異なる特徴が挙げられる。スピリチュアリティは教団の教義といったものとは異なり、組織や団体に所属しなくても個人が自由に取捨選択することができる。そのため、ことさらに宗教や宗教的なものについての知識が豊富でなくても、「市場」

に参入してコンテンツを供給することができる。また、需要側も一方的にコンテンツを受け入れるのではなく、内容を好きなように組み替えたり、宗教や宗教的なもの以外のものと組み合わせることが可能となった。これまでも、宗教や宗教的なものがそうした特徴を有してこなかったわけではないが、より柔軟に個人のニーズに合わせたコンテンツが手に入るようになったと言える。そして、数多くのコンテンツが行き交う「スピリチュアル市場」において、妊娠・出産にまつわるコンテンツが目立つということは、それだけ需要があり注目されている証左としてとらえられる。

では一体、このような状況が現れるようになったのはなぜなのだろうか。このことを明らかにするには、そもそも宗教そのものが妊娠・出産とどのような関係性にあるのかを見ておく必要がある。そこでまずは、「宗教ブーム」や「スピリチュアル市場」が登場する以前の妊娠・出産と宗教の関係について、宗教社会学における「世俗化」という観点を踏まえつつ見ておこう。

妊娠・出産の「世俗化」

歴史的に妊娠・出産は宗教や呪術と密接に結びつけられてきた。というより、むしろ両者は歴史的に不可分な関係にあったと言える。ただし、両者の関係のありようは徐々に変化し、近代化とともに妊娠・出産は宗教や呪術から独立してきたのである。

妊娠・出産と宗教や宗教的なものとは密接に結びついてきたが、伝統的共同体においてその結びつきは必ずしも肯定的な意味を持ったものではなく、現代の感覚からするとむしろ否定的な意味を付与されることが多かった。その理由についてハレ・ケ・ケガレという観点から鋭く切り込んだのが、文化人類学者の波平恵美子《なみひら》である（『ケガレの構造』青土社、一九八四年）。波平は寺社の儀礼から女性が排除される事例や、神聖な空間に女性が立ち入ることがタブーとされた事例に注目している。そして、女性たちが神聖な領域から排除されてきたのは、妊娠・出産や月経がケガレと見なされていたためだと論じている。

ケガレとは、共同体に災いをもたらすとされた死や病などの事柄を指す。伝統的共同体では、死や病などの不浄な事柄は、共同体に入り込むことでさらなる不幸を波及させるととらえられていた。ケガレの対極にある清浄な状態がハレであり、ハレでもケガレでもない平素の状態はケと呼ばれる。伝統的共同体はハレ・ケ・ケガレの循環によって営まれ、その循環のためにさまざまな儀礼や祭祀《さいし》が行われてきた。*5

妊娠・出産がケガレと見なされたのは、それが生と不可分に結びついたものでありながら、同時に死との境界線上に位置すると受けとめられていたからである。伝統的社会において妊娠・出産は文字通り命がけの行為であり、妊産婦の死亡率は非常に高かった。死産の確率も、現在とは比較にならないほどの高さであった。そのため、子どもが無事に生まれてある程度育つまで、子どもも母親も死と生の境界線上にあるものとされてきたと波平は主張する。

さらに、妊娠・出産に関わる生理現象である月経も、忌むべき事柄として同じように共同体から隔離されてきた。波平は、妊娠・出産や月経がケガレとして忌避された具体的な例として、月経の間に女性を隔離して生活させる月経小屋や、出産とその前後の期間を過ごすための産小屋《うぶごや》などを挙げている。月経小屋や産小屋は、共同体の中心部から離れたムラの外れに設けられるのが通例であった。また、そのなかで女性はケガレを広めないように、生活習慣の面でさまざまなタブーが設けられていたことも指摘される（瀬川清子『女の民俗誌――そのけがれと神秘』東京書籍、一九八〇年）。

地域によっては月経を祝い事とする風習があるところもあったが、中世以降からは家父長制の拡大とともに、死のケガレよりも血のケガレがより重視されるようになった。つまり、身体性を基軸にした女性に対する社会的な差別を正当化する通念が、家父長制を伴うことでさらに拡大していったのである。

このように妊娠・出産や月経をケガレと見なすことについて波平は、「男性と女性の生理的相違を社会的・文化的相違にまで引き上げ、しかも、その対立相違する男女の対応関係、相互依存の関係を制度的に表現」したものと述べている。

だが、近代に入ると妊娠・出産する女性の身体性に対する見方に変化が現れるようになる。特に、月経の社会的位置づけが大きく変容した。その理由として、生理用品の変化が挙げられる。看護学者である小野清美は月経をめぐって現れた変化として、明治期にゴム製の生理用品が登場、普及したことに注目して、月経が個人で処理できるようになった生活の変化について言及している（『アンネナプキンの社会史』宝島社文庫、二〇〇〇年）。もっとも、こうした生理用品の使用は一部の女性に限られており、一般に広まっていたわけではない。それでも、既製の生理用品の登場は、女性が月経をトイレで目立たず処理すべきものとする意識の広まりに影響を与えた。これは月経小屋が、月経をいわば公然たるものにしていたことと対照的であったと言えるだろう。

月経がより個人的なものとして処理されるようになるまでには、もう少し時間を要した。日本で最も普及率が高い紙ナプキンが本格的に登場したのは、一九六〇年代に入ってからである。その後、紙製の生理用品は急速に改良されて、飛躍的に女性たちの間に普及した。[*6]こうした紙製の生理用品の広まりについて、社会学者の天野正子《あまのまさこ》と桜井厚は女性の社会進出と密接に関係していたことを指摘した上で、「女性たちが積極的に自分の生きかたをみつけはじめる動きと、自分にあった生理用品を求め使おうとする動きとは、みごとに関連しあっていた」（『「モノと女」の戦後史――身体性・家庭性・社会性を軸に』有信堂、一九九二年）と述べている。

妊娠・出産に関しては、医療が管理するものに移行したことが大きな変化として挙げられる。特に戦後になってからは、出産がそれまで助産婦（産婆）の介助によって行われるのが主流だったものから、病院で医師による管理の下に行われるものに急激に移行した。この変化には医療の拡大だけでなく、助産婦という職業をめぐるGHQの介入が影響しているると言われている。社会学者の大林道子は、GHQは助産婦を医療制度に組み込み病院での妊娠・出産を主流のものにしようと試みたが、それに対し当時の助産婦たちが抵抗し、社会に独特の職業的地位が築かれたことを論じている（『助産婦の戦後』勁草書房、一九八九年）。このような助産の医療化をめぐる動向と、女性がどのように出産に臨むのかを決定するプロセスは密接に関係している。

こうして、妊娠・出産する女性の身体《からだ》は伝統的共同体に管理されるものから、個人で決定、管理したり、病院のような専門機関に管理されるものへと徐々に移行していった。そしてこの変化の過程は、妊娠・出産する女性の身体性が宗教から分離し、独立する過程でもあったと言い換えることができる。

また、妊娠・出産を女性個人のものとした流れにおいて、フェミニズムの影響を見落とすことはできない。特に、「産む、産まないは女が決める」というスローガンを掲げたウーマン・リブはその一つであると言えるだろう。日本でのピル解禁をめぐる論争や、中絶を含む妊娠・出産の選択をめぐる論争も女性の妊娠・出産やその身体性に対して大きな影響を及ぼした。特に、一九九四年にエジプトのカイロで開催された国際人口開発会議で「リプロダクティブ・ヘルス＆ライツ」が採択されたことは大きな出来事であった。なぜなら、この宣言は生殖に関する女性の健康と権利を重視するもので、妊娠・出産は女性が自分で決めるものだという主張が盛り込まれていたからである（上野千鶴子・綿貫礼子編著『リプロダクティブ・ヘルスと環境――共に生きる世界へ』工作舎、一九九六年）。

こうした動向を背景として、徐々にではあるが、子どもを産むかどうか、産むとすればいつ、何人の子どもを産むかは自分自身で決めるという意識や価値観が広まっていった。

さらに、男性中心の医療が妊娠・出産をコントロールしたり管理したりすることに疑問が投げかけられるようになった。ピルの解禁により女性が自分の月経を管理したり、避妊の手段が増えたことも見逃せない。こうした流れは、現在まで続いている。

このように、女性の妊娠・出産、そして月経は、かつては宗教的な文脈に組み込まれ、共同体によって制度的に管理される対象であったが、徐々に宗教的文脈から離脱して、女性の身体に起こる個人的な現象として位置づけられるようになっていった。フェミニズムが、そうした意識を後押ししてきたとも言えるだろう。

しかし、現代日本社会における宗教そのものは、女性の妊娠・出産を規定する役割から完全に撤退したわけではなかった。というより、伝統的な宗教から独立するのと入れ替わるように、「宗教ブーム」や「スピリチュアル市場」のなかで妊娠・出産や母となることが、新たに宗教や宗教的なものと接近するようになったと言える。次に、その点について見ていこう。

「スピリチュアル市場」と妊娠・出産

再び島薗の議論を取り上げつつ、「宗教ブーム」において女性がどのように位置づけられてきたのかを確認したい。島薗は新宗教に注目して、そこには女性の活躍する場としての要素があったことを見いだしている。島薗によると、新宗教で活躍していた信徒たちの中心は「中下層の家庭の主婦」であり、教団の現場で女性が指導者として活動することも珍しくなかった（『ポストモダンの新宗教』）。そこでは、彼女たちは生活上の悩みを互いに共有したり「癒しの働きを活性化」することで、「ケアの場を女性のパワーによって育ててきた」のであり、そのことが「世界宗教史のなかでも際だった日本の新宗教の特徴」だと島薗はいう（『現代宗教の可能性――オウム真理教と暴力』岩波書店、一九九七年）。また、それは女性の働く場が限られていた社会状況と大きく異なっていたとも述べている。

それに対して新新宗教においては、女性の位置づけが異なっていた。その違いが典型的に現れるのが、いわゆる「二世問題」である。「二世問題」とは、宗教教団に入信した信徒の子どもが、本人の意思に反して入信させられたり、教団の教義に基づいた教育を強いられたり、独自の規範を強制されたりするといった問題のことを指す。信者の子どもに対する強制がエスカレートしたり、または逆に放置されたりすることが、精神的、身体的な虐待に発展することも少なくない。その結果、子どもが親や信仰に対してだけでなく、自分自身に対しても大きな葛藤を抱え、精神的に深く傷つく「スピリチュアル・アビューズ」をもたらすことにもつながる。[*7]

この「二世問題」には、現代社会において家族を維持していくことや、とりわけ女性が母親として生きることとの意味や価値をめぐる葛藤が深く関わっている。なぜなら「二世問題」でも特に目につくのは、所属する教団の教義に基づき母としての役割を遂行しようとしたあげく、子どもを過剰にコントロールしたり体罰を加えたりするケースだからである。例えば、子どもに対する治療上必要な輸血を教義に従って拒否したり、体罰をしつけと称して正当化したりすることが問題視された、エホバの証人が挙げられる。また、教団が子どもの結婚相手を一方的に決めて強制する統一教会も、そうした事例の一つとして考えられる。[*8]

対照的に、子どもを遠ざけることで、母親としてではない個人としての自分自身を獲得することを重視する事例も見られる。このような場合には、子どもがケアされず、不十分な養育環境に放置されてしまう。

そうした事例として、オウム真理教が挙げられよう。オウム真理教では信徒の出家が重視されていたが、出家の際に子どもは親から引き離され、教団施設の一角に集められて育てられていた。一九九五年にオウム真理教による地下鉄サリン事件が起こった時に、教団施設に対する強制捜査が行われたが、その際に半ば放置されていた多数の子どもたちが保護されたことが知られている。オウム真理教では教義に基づき家族や親子という関係を否定するだけでなく、実際にそれらを無効化するシステムを組み込んでいたと言える。[*9]

こうした特徴を背景に、島薗は新宗教と異なるオウム真理教での女性の位置づけについて、「オウムの道場では、一般修行者が新たに子供を産むことはなかった。いのちを産み、育てる女性の機能はオウムの信仰生活のなかに場所を占めることはできなかった。それは生活世界の枯渇を意味しただろう」と評している。そして、オウム真理教は「癒しの作用」が機能せず、「現世をよりよく生きようとする女性の自然な願いが機能する空間を排除する」ものであったと批判している（『現代宗教の可能性』）。

母親だけではなく父親も、子どもを産み育てる過程に関わる必要があり、島薗のオウムに対する批評はその点を看過している。だがそれだけでなく、こうした批評からは逆に、子どもを手放すことで母親の役割から降りて、個人として生きることが女性信者の切実な課題であり、オウムにその願いを託していたことが浮き彫りになっていたととらえられるのではないだろうか。

これまで挙げてきた事例からは、新宗教と新新宗教は母親と子どもの関係を重視し、母親の役割に対して答えを用意してきたと言える。ただしそれは、一方は母親としての役割を強化する方向を目指し、他方は母親としての役割を放棄させたり、そもそも母親になるという選択を無効化する方向を目指すというように、それぞれが向かう方向は全く対立的なものだった。だがいずれの方向においても、最も深刻な影響を受け過酷な負荷を強いられるのは、自らの生き方を選択することができない子どもたちであった。

しかし、女性の葛藤、特に自身が母として子どもを持つことの葛藤に答えてきたのは、組織宗教だけではない。「宗教ブーム」においては、メディアを通して広く女性と宗教や宗教的なものが接近してきた様子がうかがわれる。

六〇年代以降欧米で展開されたニューエイジ運動・文化は日本にも影響を及ぼし、書籍の出版などを通して日本にも広まった。また欧米では、ニューエイジ運動・文化によって代替療法やヨガといった身体へのアプローチが妊娠・出産と結びつく潮流を形成していたが、そうした流れも日本に流入してきたのである。こうした流れは九〇年代に他のメディアとも結びついて、ニューエイジ運動・文化にことさら関心を持たない人びとにも浸透するようになった。

評論家の大塚英志《えいじ》は、少女まんがが家が自身の妊娠・出産について綴《つづ》ったいわゆる「出産本」が九〇年代に相次いで出版されたことに注目している。なかでも、母親との葛藤を正面から描いてきた少女まんが家たちが、逆に自身が妊娠・出産を経て母親になる選択をする際にそのことを肯定していることに大塚は戸惑いを表明している。その上で、彼女たちの「出産本」で記される出産体験が、過度に神秘的な体験として表現されていることについて、「女性の身体をめぐる言説が、安直に神秘主義やメディテーション論に崩れていく」ことを危惧し、オウム真理教と重ねて「母性」のイメージが肥大化したり、出産体験が特権化されたりすることの危うさを指摘している（『「彼女たち」の連合赤軍――サブカルチャーと戦後民主主義』文藝春秋、一九九六年）。

新宗教や新新宗教、そして九〇年代から広まりを見せ始めた「出産本」からは、母となることが新しい形態を伴って連関してきた。そして、二〇〇〇年代に登場した「スピリチュアル市場」において、女性が個人として妊娠・出産する身体と向き合うなかで、再び宗教や宗教的なものに目を向けるようになったのは、女性を取り巻く社会の変容だけでなく、七〇年代から続くこうした変遷も大きく関係しているのである。

ここまで、妊娠・出産と宗教との結びつきを大枠で検討してきた。次に、これまでの議論を振り返りつつ、「スピリチュアル市場」における妊娠・出産にまつわるコンテンツの特徴について確認しておきたい。

妊娠・出産の聖化と「スピリチュアル市場」

一九七〇年代以後に日本社会に出現したスピリチュアリティは、個人主義を重視しながらも、新たな形で宗教や宗教的なものをめぐるある程度まとまった世界観を提示してきた。「スピリチュアル市場」はそのスピリチュアリティが、消費化や情報化が進むなかで「市場」として形成されたものを指す。

ただし、妊娠・出産は「スピリチュアル市場」のなかで初めて宗教的なものと親和性を持ったのではなく、伝統社会では密接に関係していた。それが近代化とともに分離することで、女性が個人的に決定したり管理したりするものへと変化していった。

だが、「宗教ブーム」のなかで、妊娠や出産や母となることと宗教とは再び接近するようになる。教団が教義に則《のっと》り個別の規範を示したり、逆に母となることから自由にさせるといった価値観を提示するようになったのである。また、九〇年代にはメディアを通して宗教やスピリチュアリティと妊娠・出産や母となることとが結びつけられて、社会に広まったこともうかがわれる。こうした動向は何を示しているのだろうか。この点について、宗教社会学者のピーター・L・バーガーによる宗教の「世俗化」論を参照しつつ、考察を深めていきたい。[*10]

バーガーによれば、近代以前において宗教は、神聖性を軸として世界そのものを形成し、そこに住まう人びとに価値観を提供する役割を担っていた。しかし近代化に伴い、宗教は社会の根底を貫く理念としての力を失い、世界を形成する役割から後退してきたと考えられている。そうした過程を「世俗化」と呼ぶが、だが「世俗化」によって宗教は完全に社会から撤退したわけではない。公的領域から退出しつつ、家族といった個人の私的領域にはむしろ深く関わるようになった。

同時に、情報化社会の発展によって、人びとの消費行動が活発化し価値観が多様化した結果、伝統的宗教は他の宗教と競合せざるをえなくなった。バーガーは宗教が競合する状況を多元的状況と呼び、その多元的状況が宗教の「市場化」を招くという。なぜなら、「この状況下では宗教的伝統を不変の真理として維持することがしだいに難しく」なり、「消費者の選択という力学が宗教の分野にもち込まれる」からである。

宗教の「市場化」は近代における「世俗化」の延長上に出現したものとして、ある程度必然的な動向でもある。そのため宗教の「市場化」は組織だった既成宗教だけではなく、およそあらゆる宗教に起こることであり、社会における情報化の発展がそうした傾向を促進する。

こうした見方に立つと、スピリチュアリティの広まりによって宗教の「市場化」が加速度的に進んでいくことは容易に想像できよう。なぜなら、スピリチュアリティは個人主義を基盤としており、バーガーのいう多元的状況と相性が良く、そのため「市場」に流通しやすいという特性を備えているからである。さらに、スピリチュアリティはメディアと親和性が高く、それが広まりを後押ししたと言える。したがって、「スピリチュアル市場」は一過性の事象ではなく近代化の過程で必然的に現出したものであり、そして今後も継続していくと予想されるのである。

他方で、近代においては妊娠・出産それ自体が「世俗化」の道をたどってきた。かつてケガレと見なされ共同体によって管理される対象だった妊娠・出産する身体性そのものが、女性が個人で決定したり、医療が管理するものへと変化した。この妊娠・出産する身体性の「世俗化」は、医療の発展や生理用品の発達だけでなく、フェミニズムのなかでも特にウーマン・リブと密接に関係している。しかし、一度は分離、独立し「世俗化」をたどってきた妊娠・出産する身体性は、一九七〇年代以降の「宗教ブーム」のなかで再び宗教的なものと接近するようになった。このような動向の特徴は、教団という限定的、局所的なものから、書籍にまで幅広く見いだすことができることにある。

以上のように見てくると、妊娠・出産は宗教や宗教的なものから独立して「世俗化」の道をたどったものの、新しい宗教や宗教的なものの興隆を背景に再びそれらとの結びつきを強め、「脱世俗化」ないし「再聖化」というべき道をたどってきたと言えよう。「脱世俗化」や「再聖化」とは、「世俗化」の流れに抗して、宗教やスピリチュアリティが見直される動向を指す。それが、妊娠・出産においても同じように現れていると考えられるのである。[*11] そして、社会において「スピリチュアル市場」が興隆するのに合わせて、ますますその影響や範囲が拡大したのではないだろうか。

注意しておきたいのは、後で検討していくように「スピリチュアル市場」では妊娠・出産や月経、そして母になることが肯定的に価値づけられていることである。また肯定的な価値観が、既存の組織や教義といったものによって上から一方的に指示されるのではなく、女性が自ら「市場」で自由に調達できるようになったことも重要な特徴である。したがって「スピリチュアル市場」において妊娠・出産は「脱世俗化」したり、また古い歴史へ回帰するかのように「再聖化」したというよりは、「スピリチュアル市場」の登場によって、女性は初めて妊娠・出産をあくまで個人のものとしつつ、肯定的に聖化する機会を得たと言えるだろう。

そして見方を変えれば、妊娠・出産を聖化するコンテンツが流通するようになったのは、「スピリチュアル市場」が登場したからこそだと考えられる。なぜなら、「スピリチュアル市場」でやりとりされるコンテンツは、消費者の需要を読みながらその要求にあう情報やモノとして制作され供給されるからである。このような状況では、教祖といった立場から一方的に価値観や教義を与えるやり方や、時代や社会に適さないコンテンツを流通させることは難しい。

現代社会における女性の意識や価値観を適切に反映させたものが、「スピリチュアル市場」での妊娠・出産に関わるコンテンツの特徴だと推測される。そのため、「スピリチュアル市場」では女性たちの要望に応えるには、組織を統括し多くの人びとを魅了するカリスマ的な存在よりも、どのようなコンテンツを供給したらよいかを探るマーケッターのような存在の活躍が目立つようになる。また、関係性が流動的なため消費する側の女性たち自身がマーケッターやあるいは供給者になれることも、「スピリチュアル市場」の特徴として挙げられる。ネットの普及が「スピリチュアル市場」の拡大に影響を与えたのはそのためだと考えられる。

女性には、女性という身体に生まれたというだけで、妊娠・出産を経て母になる人生を歩むのか、そうではない別の人生を歩むのかという選択が常に付いて回る。妊娠・出産という道を選ぶと、まず妊娠するまで自身の身体と向き合う必要がある。妊娠したらしたで、胎児を胎内で育みつつ、日常のすべてに気を配らなければならない日々が待ち構えている。そしてすでに述べたように、現代日本社会はこの妊娠・出産という過程を前向きに考えられる社会とは言い難い。妊娠・出産がひとたび「世俗化」の流れにのりつつも、九〇年代を境に聖化の方向に舵《かじ》を切ったのは、どのみち困難な道のりが待ち受けるなかで、女性が妊娠・出産に対する新たな意味や価値を希求せずにはいられなかったからではないだろうか。

その点を明らかにするためにも、「スピリチュアル市場」の妊娠・出産にまつわるコンテンツが、女性自身の存在にどのような影響をもたらすのか、具体的な事例を踏まえたさらなる検討が必要である。そして、「世俗化」の流れから逸脱してあえて聖化の方向に進むことは、抑圧からの解放とは違うベクトルを有する可能性も考えられることを前提に、慎重に議論を進める必要があるだろう。

さらに、「スピリチュアル市場」に対するフェミニズムの影響をも考慮しなければならない。すでに述べたように、妊娠・出産を宗教との結びつきから切り離し「世俗化」を促すのに、当時のフェミニズムの動向が大きく貢献している。それに対して、二〇〇〇年代に入ってからスピリチュアリティと妊娠・出産とが接近するなかで、フェミニズムはどのように関わっているのだろうか。改めてその点について見ておく必要があると考えられる。

以上二つの点に留意しつつ、次から具体的な資料を取り上げて整理し検討していきたい。

研究方法について

本書で用いる調査法について軽く説明しておこう。本書では、社会学における質的調査法のなかでも言説分析という方法を用いる。具体的には書籍で流通している情報を収集し、妊娠や出産をめぐるスピリチュアリティがどのように見いだされるのかを分析する。

社会学者の赤川学《まなぶ》は、言説分析についてしばしばそれが社会の「実態」をとらえるものではないとする批判に対して、「言説が一定の形式で分布していること、そして、言説の集積からとある言説空間が構成されていることそれ自体が経験的・社会的な事実」であり、「解明されるべき社会的事実」だと述べている。ただし、言説分析もまた他の質的調査法、例えばフィールドワークやインタビュー調査などと同様に「データ対話型理論(grounded theory)」であることを念頭に置くことや、何よりも「言説が意味ではなくモノ=物証のようにみえてくるまで、必要十分な量の言説を収集し、読みこなす」ことが必要だと述べている。そして、そのなかで見いだされる差異のなかに過剰な意味を読み込むのでなく、そこから見える社会の見え方に重点を置くことの重要性を主張する(『構築主義を再構築する』勁草書房、二〇〇六年)。

本書では、赤川による言説分析の手法を踏襲する形で進めていきたい。なぜなら、前述のように、「スピリチュアル市場」における妊娠・出産にまつわるコンテンツは、「スピリチュアル」に関心が高い女性たち向けというよりは、一般的に広まって日常に浸透していることに特徴があるからである。そのため、そもそも何が情報として流通しているのかを明らかにすることが、アプローチとして必要なことだと考えられる。そして、その実情を分析し検討するためには、言説分析の手法によってまず内容を明らかにする必要がある。

また、当該分析の対象として、数ある媒体のなかでも主に書籍を取り上げることにする。今日では、情報媒体としての書籍の重みはウェブ媒体に比べて小さいかもしれない。しかし、書籍ではスピリチュアリティと妊娠・出産が結びついたものが多く、スピリチュアリティに関心の薄い層にも届くようになっている。それゆえに、妊娠や出産関連のコンテンツにスピリチュアルな様相がどのように埋め込まれているか、そのことでどのように日常に広く浸透しているのかについて深い知見を得ることができる。また、「スピリチュアル市場」で書籍は媒体のなかでもいわば権威として位置づけられ、その影響力は依然として大きいことも注目する理由の一つである。こうしたことから「スピリチュアル市場」における妊娠・出産にまつわるコンテンツが受容される社会背景や、時代的な経緯を振り返るためにも、書籍は重要な手がかりになりうると考えられる。

そして、本書では具体的な内容として、すでに触れたように、女性にとって重要な臓器である子宮に聖性を見いだす「子宮系」、子どもが生まれる前の記憶を持つという「胎内記憶」、医薬品に頼らず自分自身の力で出産することを重視する「自然なお産」の三つを取り上げる。

これらは「スピリチュアル市場」で注目を集めただけでなく、関連する書籍が数多く発行されたことで、スピリチュアリティに特別関心が高いわけではない女性たちの間にも知られるようになった。したがって、これら三つのトピックは「スピリチュアル市場」での妊娠・出産にまつわるコンテンツを象徴的に示す内容のものだと言えるだろう。他方で、これらは二〇〇〇年代に突如として広まったのではなく、七〇年代からの「宗教ブーム」とつながりがある。そのため、時代的な変遷にも注意しつつ二〇〇〇年代に発展した内容の特徴自体について注目する必要があると考えられる。以上の観点に立ち、次章から個別のジャンルについて検討することにする。

第二章　「子宮系」とそのゆくえ

「子宮系」の登場

「子宮系」とは、女性の生殖器である「子宮」に神聖性や神秘性を見いだすことで、自身の「女性らしさ」を獲得したり、生き方の方向性を決めたりする考えや価値観の一群を指す。また、こうした価値観や考えは、「子宮」の健康を良好なものにするとされるマッサージや体操、生活習慣の見直しなどとセットになって紹介される場合がほとんどである。そのなかには、妊娠や出産に向けて体調を整えたり、準備しておくことも含まれている。

「子宮系」が注目されるようになったのは、二〇〇〇年代に入って「スピリチュアル市場」が広まってしばらくしてからである。この時期、書店やコンビニで「子宮」を表題に含む書籍が販売されるようになった。それは健康情報系の書籍に留《とど》まらず、女性向けの手軽な自己啓発本にまで広まりを見せるようになった。

もっとも、「子宮系」の存在が広く認知されるようになったのは、「子宮委員長はる」を名乗る著者によるブログが人気を集めて、書籍化されたことが大きく影響している。子宮委員長はるは数多くの書籍を出しているが、なかでも二〇一六年に発行された『願いはすべて、子宮が叶《かな》える』（河出書房新社）は生活情報番組で紹介されるほどのベストセラーになった。[*1] 子宮委員長はるはその後、講演会を行ったり独自の商品を販売するなどして、支持者を増やすようになった。ただし、「子宮系」それ自体の裾野は広く、子宮委員長はるによる著作はその一部にすぎない。

では、そもそも「子宮系」とは何だろうか。女性にとって大切な臓器であるとはいえ、一つの臓器にすぎない「子宮」がなぜ、そしてどのように聖化されて特別視されるのだろうか。この章では「子宮系」の全体像を明らかにしつつ、その背後にある社会的な動向についても検討していく。

「子宮系」は「スピリチュアル市場」において登場した新しい動向だが、性器が宗教的な意味を与えられることは伝統的に行われてきたことであり、その歴史は古い。また、性器崇拝は広くアジアに見いだされるものであり、日本に特有の宗教的な事象ではないことも特徴として挙げられる。ただし、性器崇拝について民俗学的な観点から検討した倉石忠彦《くらいしただひこ》は、このような性器崇拝のほとんどは男性性器をかたどったものであり、女性性器をかたどったものは比較すると少ないとしている（『身体伝承論――手指と性器の民俗』岩田書院、二〇一三年）。また、女性性器であってもそれは外陰唇を指すものであり、「子宮」という外からは見えない生殖器そのものを指すものではない。

他方で、「子宮」に聖性を見いだして、肯定的にとらえる動向は欧米にも見られる。日本における「子宮系」と同様の書籍が発行されていることが、その根拠として挙げられる。こうしたことから、「子宮系」の台頭は歴史的に見ても、また世界的に見ても特殊な動向というよりは、むしろ一定の普遍性があると位置づけられるのではないだろうか。ただし、二〇〇〇年代の日本社会においてことさらに取り上げられるようになったことには、「スピリチュアル市場」の台頭や女性を取り巻く社会環境も影響している。

他方で、「子宮系」は広く知られるに伴い、ネットを中心に批判的な意見が目立つようになった。そのなかでは主に、「子宮系」に非科学的、非医学的と思われる主張が織り込まれていることが取り上げられている。「子宮系」がＳＮＳを入り口にして、高額商品の購入を勧誘したり、実用的とは言い難いセミナーや資格取得のスクーリングに誘導したりすることも問題の一つとして挙げられている。ただしそうした批判において、「子宮系」の内容が十分に精査されているわけではない。

そこで「子宮系」の全体像を検討するために、「子宮」とスピリチュアリティとを結びつけて紹介している書籍を取り上げて検討する。[*2]「子宮系」の書籍は、ムックと書籍の二つの部類からなっている。ムックは定期刊行される雑誌の別冊として単発で出されるものだが、雑誌と異なり書籍に準ずるものとして分類される。書店で平積みにされることが多く、コンビニでも扱われて比較的手に取りやすいムックは、早くも二〇〇四年頃から「子宮」に関わる医学や健康にまつわる情報だけでなく、スピリチュアルな情報を載せたりして、「子宮系」というジャンルの素地をつくるのに重要な役割を果たした。

個別の著者の手になる「子宮系」の書籍は内容の点で大きく二つに分けられる。一つは、体を鍛えたり生活を改善したりすることが、「子宮」に聖性を付与するという価値観に基づく「努力型」で、書籍のほとんどがこの「努力型」に分類される。もう一つは「子宮」そのものに聖性を見いだし、女性としての自分自身を肯定したり運気を呼び込んだりしようとする「開運型」である。

「子宮系」に関する執筆者は、医師や助産師などの医療従事者が最も多く、他には漢方医や鍼灸師《しんきゅうし》、ヨガ・インストラクターやセラピストなどが挙げられる。さらに、先述した子宮委員長はるをはじめブロガーなども執筆している。執筆者のほとんどが女性であることも指摘しておきたい。また、「開運型」は、「子宮系」を一躍有名にした子宮委員長はるによるものがほとんどであることから、ここでは彼女の著作を中心に取り上げることとする。こうした特徴を踏まえて、以下ではまずムックの内容を精査した上で、「努力型」と「開運型」の書籍のそれぞれについて検討していく。

ムックにおける「子宮系」

「子宮」をテーマとするムックは、全部で六冊発行されている。すべてが人気のある生活情報誌やファッション誌の別冊として発行されたことから、その影響力は大きかったのではないだろうか。また、二〇〇〇年代以前の書籍で「子宮」が取り上げられる場合は、医学の専門書か、「子宮」の疾患に特化したものがほとんどだったことから、「子宮」の健康に焦点を当てたムックが登場したことはそれだけ目を引いたことも推測される。そして、このムックは、「子宮系」というジャンルがどのように生じたのかを明らかにする手がかりにもなる。

「子宮系」のムックの先駆けとして二〇〇四年に発売された、二〇代から四〇代の女性向け生活雑誌「saita」（セブン&アイ）の別冊ムックである『よくわかる、婦人科のすべてbook ――「子宮と卵巣」これで安心！』を取り上げたい。このムックは、「子宮」に焦点を当ててその仕組みや月経のサイクルを解説したり、「子宮」に特有の病気である卵巣がんや卵巣炎、無排卵月経などが、症状や治療法の解説やイラスト付きで紹介されている。さらに、「恥ずかしさや緊張感が無い、『フツーの感覚』が今の婦人科！」という題で、産婦人科での受診の様子や手順、それについての感想などを記したイラストレーターによるレポートが掲載されている。婦人科に通うことがいまだ敷居が高い現代の様相を表していると言える。

このムックでは西洋医学に基づく情報だけでなく、東洋医学の情報も掲載されていることに大きな特徴が見られる。巻末には「カラダにたまった『悪い気』を追い出そう大作戦」という副題のもと、「子宮」の状態を自分で改善するための方法が掲載されている。具体的には、「骨盤のゆがみを正し、子宮や卵巣の機能を高め」るための体操や、エッセンシャルオイルを用いたマッサージ、効果的なツボの位置などが紹介されている。ことさらに「子宮」に聖性が付与されているわけではないが、セルフケアを行うことで「子宮」から「悪い気」を追い払うことが、一定の比重をもって取り上げられていることが注目される。つまり、内面のありようが「子宮」の健康に直結するという見解が披露されているのである。

同書以降も、「子宮」に関するムックは次々と出版された。そのなかで中心的な位置にあるのが、二〇代以上の女性向け生活情報雑誌である「オレンジページ」（オレンジページ）の別冊ムックとして出版された『からだの本』シリーズである。このムックシリーズは女性の健康を中心に取り上げたものであり、そのなかで「子宮」について四回ほど特集が組まれた。

二〇一五年に発行された「女性ホルモン、生理、体調の揺らぎを整える　不調改善のカギは『子宮力』にあり！」と副題のついたムックでは、医学的な知見から自分で「子宮」の不調を確かめる方法や、具体的な「子宮」の疾患について幅広く取り上げられている。だが、それ以上にページが割かれているのが、「子宮」を自分でケアして健康に保つ方法で、特に「子宮」を温めるメソッドが推奨されていることに特徴がある。

例えば「血めぐり改善で本来の力を呼び戻す『子宮温活』始めよう」という記事では、

助産師や中医学の専門家である中医師によって、「子宮」を温めて血流を良くすることの重要性が説かれている。具体的な方法として、コンニャクを温めてカイロ代わりに使うとか、灸を据えるとかいった方法が紹介されているが、なかには「自分と対話」するために日記をつけるとか、「笑ってすっきりする」などといったことも紹介されている。続く記事では、「冷え、ストレスにも効果あり　美子宮ヨガにトライ」という題で、婦人科医の高尾美穂が考案した「子宮」の血流を高めるヨガが紹介されている。

さらに同書では以上の記事と並んで、占い師の愛新覚羅《あいしんかくら》ゆうはんによる「カラダを内と外から整える――インナー子宮風水」と題する記事が掲載されている。記事の冒頭では「子宮は女性の体の中にある神秘的な〈桃色のお宮〉」なので、それが不調をきたすと心身や運勢に不調をきたすという主張が記載されている。そして、不調を直す方法として、中国の伝統医学に則った飲食の摂《と》り方だけでなく、部屋の風水を良くする方法も紹介されている。「負のエネルギーは子宮にたまりやすい！」と題して、子宮の状態を良くするために、良くないことが起こったら人のせいにするとか、ものや人に執着するとかいった心性を直すことも推奨されている。

ところで、「子宮系」のムックでは、女性が高齢になるにつれて卵細胞が老化し、妊娠しにくくなったり流産しやすくなったりするという「卵子の老化」が婦人科医によってしきりに主張されている。[*3] そしてそうした内容の記事も、スピリチュアリティと接続されている。

その例として、二〇代から三〇代向けの情報誌「OZ plus」（スターツ出版）が二〇一四年に出した増刊のムック『子宮力アップ&からだケアBOOK』が挙げられる。そのなかで、「35歳で女子の子宮やカラダやライフスタイルはどう変わる？　今から考えておきたい妊娠・出産のこと」という題の記事が注目される。

この記事は複数の執筆者の手になるものであるが、冒頭では産婦人科医の池下育子が二〇代から三〇代の女性たちに向けて妊娠や出産について講義をするという形式の文章を寄せている。そのなかで池下は、三五歳から卵子や卵巣が老化して質が低下するため、流産率や赤ちゃんの染色体異常のリスクが高まること、そのために妊娠や出産を望むなら早めの準備が必要なことを述べている。[*4] また続く記事でも、産婦人科医の宋美玄《そんみひょん》が登場してさまざまなグラフを示しつつ三五歳までが妊娠の目安であることを強調している。こうした「卵子の老化」についての記事は、科学的データに基づいた啓発として読むことができる。

だが、例えば宋の記事に続けて「妊娠力チェック」という題で、「恋愛なんて面倒くさいと思う」「不倫に対して罪悪感がない」「仕事や趣味に忙しく、恋をする時間がない」という意識だと「妊娠のハードルが高くなる」という内容の記事を掲載している。さらに、同じ記事では整体指導を行っている奥谷《おくたに》まゆみが「ココロの状態が子宮に働き妊娠力に大きく影響を与える」として、「嫌なことにとらわれたら上を見よう！」という主張を展開している。ここでもまた、内面のありようが「子宮」に影響するとされているのである。

このように、「子宮」を取り上げたムックは、医学的な知見について触れるだけでなく、それが科学的とは言えない見解に接続していることが一つの特徴をなしている。また、読者が自分で「子宮」をケアするためのメソッドが数多く紹介されていて、医学的な知見と同列の重みを持つものとして示されている。こうしたメソッドの多くは、女性が妊娠や出産に対して前向きな内面性を培うことが「子宮」に聖性を付与する過程と位置づけられていることから、スピリチュアルな性格の萌芽《ほうが》が見て取れる。こうした論点と並べて、「卵子の老化」が重要なトピックとされ、三五歳までに妊娠や出産を終えることの重要性が繰り返し強調されている点に注目する必要がある。

ところで冒頭でも述べたように、「子宮」を取り上げた書籍はムック以外も数多く出版されている。次に、それらの書籍について整理しつつ紹介していきたい。

「努力型」の「子宮系」

すでに述べたように、個別の書き手による「子宮系」の書籍は、大きく「努力型」と「開運型」に分けられる。最も多いのは「努力型」だが、その特徴として運動やマッサージを行ったり、食生活を変えるなどの努力によって「子宮」の状態を改善することで女性としての美しさや健康を獲得することとの価値が強調されていることが挙げられる。そして、努力を重んじることに、「スピリチュアル」な内容が織り交ぜられている。ここでは、「努力型」のなかでも、「子宮」の状態を良好にすることを目指す複数の書籍のうち、その特徴を示す主なものを取り上げよう。

最も典型的な例と目されるのは、ヨガ講師である仁平《にへい》美香が二〇一二年に出した『子宮美人ヨガ――ホルモンバランスが整って心も体もキレイになれる！』（主婦の友社）である。仁平が独自に開発した「子宮ヨガ」のやり方がＤＶＤとセットになっているこの本では、「子宮」に対する仁平の独特の見方が披露されている。

例えば書籍の冒頭では、生活習慣の乱れによって「子宮がこりかたまった」状態のため不調を抱える女性が増えたという主張が記された後、「子宮美人ヨガ」は「ゆるみすぎず鍛え過ぎず、適度な弾力があって〝しなやか〟な子宮」を手に入れるのに効果的だという主張を展開している。そしてヨガを行えば、生理痛や更年期障害の他、不妊やセックスレスが改善されると示唆している。

ところで、この書籍では布ナプキンの使用が推奨されている。布ナプキンとは紙ではなく布でつくられた生理用品のことで、「スピリチュアル市場」でも人気のグッズである。同書では「子宮」の周囲を温めるのに布ナプキンが効果的であるとか、吸水性が低い布を使うことで経血の排泄《はいせつ》を自覚的に行える「子宮の自然な力」が備わるなどの布ナプキンの効用が主張されている。

仁平はまた、「月経血コントロール」のやり方も取り上げている。第五章で改めて取り上げるが、「月経血コントロール」とは、「しなやかな子宮」であれば自分で経血をコントロールし排泄できるという考え方のことを指す。仁平によれば「女性には本来そなわっている自然な力」であり、「生理用品のなかった昔の女性」はそれができていたと主張する。「努力型」書籍のなかには、セルフマッサージを中心に紹介するものもある。例として「子宮セラピスト」を名乗る井上清子《きよこ》が二〇一六年に出した『おひさま子宮のまほう』（ワニブックス）を取り上げたい。この本ではタイの古式マッサージである「ディープ・チネイザン」をもとに、「子宮」をほぐすための体操や、セルフマッサージ法の他、鏡を使って自分の性器を観察したり、クリームを塗った指を膣《ちつ》に挿入して「子宮」に直接アプローチする方法が紹介されている。

同書の特徴はさらに、「子宮」に関してさまざまな表現が付与されているところにもある。冒頭で井上は「子宮は元気の発電機！」と題して、以下のように述べている。

新しい命の誕生と成長を司る子宮は、いつも私たちを明るく照らしてくれる太陽のような存在です。このあたたかなエネルギーに気づいていくと、生理痛、不妊、更年期、冷え性、肌荒れ、イライラなどの不調から解放され、明るく希望に満ちた幸せが溢《あふ》れ出てくる、そんな〝まほうの力〟を備えているのです。この本では、女性の核である子宮をととのえ、私たちの心と体を内から輝かせる秘訣《ひけつ》をお伝えしていきます。私たちの中心にある、キラキラ光る「おひさま子宮」とつながってみましょう。

その上で「心身ともに健やかな人」の「子宮」は、「ジューシー」で「ピンク色」で「みずみずしい」などと表現している。対照的に、病気や心配事のある人の子宮は「ケアしてみると硬くて冷んやり」しており、「『さみしいよ』『悲しいよ』、そんなふうに訴えかけてくるようです」と記述されている。そして同書の最後には「どんなときでも、子宮はずっとあなたに寄り添ってくれています。おひさまのようにあたたかな子宮＝命が『今ここ』に存在しています」という井上からのメッセージが綴られているのである。

以上のように、「努力型」のなかでもヨガやマッサージ、食事への配慮などで身体に直接働きかける方法を示す書籍は、体を整えることが「子宮」を健康にすることにつながり、「子宮」を健康にすることが自身の「女性らしさ」を引き出すと主張するものが多い。さらに、「努力型」では、「子宮」についての表現に特徴が見られる。すなわち、ストレスに晒《さら》されたり、不健康な生活を送る女性の「子宮」は「カチコチ」といったイメージが付与される一方で、目指すべき「子宮」のありようが「しなやか」「ジューシー」といった言葉で表現されている。こうしたイメージは、自分では見ることのできない内性器の「子宮」を通して、自分自身の状態をとらえるための手がかりを与える役割を担っている。

しかし、「努力型」書籍のより重要な特徴は、身体の状況を把握するための手がかりとして「子宮」に目を向けるだけでなく、「子宮」を良好に保つためのさまざまな手立てが示されているという点である。そしてそうしたメソッドは、「より良い」妊娠や出産を実現するためとして設定されている。次に、妊娠・出産に重きを置いた書籍の内容を見てみよう。

より良い妊娠・出産を目指す「子宮系」

妊娠や出産を重視する「子宮系」の書籍には、現代の女性のありようを批判して、「昔の女性」にならうことを強調する姿勢が見られる。典型的な例として、「野草料理研究家」を名乗る若杉友子が二〇一二年に出版した『子宮を温める健康法――若杉ばあちゃんの女性の不調がなくなる食の教え』（WAVE出版）が挙げられる。若杉は同書のなかで、「昔の女性」にならいできるだけ「自然」に近い食生活を送ることが、「子宮」を温めて調子を整えるのに効果的だと主張している。

若杉のいう「自然」な食生活とは、マクロビオティックをベースとしている。マクロビオティックとは、戦前から戦後にかけて活躍した思想家の桜沢如一《ゆきかず》が創案した食養生の一つで、陰陽に基づいて食べ物を区分けして体質にあった食材を摂ることを推奨している。当初の考えにさまざまな改変がなされて現在に至るが、基本的には肉や魚、乳製品、卵など動物性のものを一切摂らない考えが主流となっていることも特徴として挙げられる。若杉はマクロビオティックに出会って野草料理をつくり出したとしながら、圧力鍋を使わないとか、「子宮」を温めるために塩分を多めに摂るといった独自の主張も展開している。

さらに、著作のなかで若杉は現代の女性の「子宮」が「冷え」ている原因として、欧米型の食生活を挙げている。例えば、「昔の女性」は膣の分泌物であるおりものがなかったと述べて、現代の女性がおりものに悩むようになったのは、戦後に押し付けられた乳製品を中心とする欧米型の食生活が原因だとしている。卵や肉、牛乳をよく摂る食生活を「日本人の餌づけ」と呼ぶことからも、若杉がいわゆる欧米型の食生活を忌避している様子がうかがわれる。

そして、欧米型の食生活を排して、自分が考える野菜を中心とする「子宮」が温まる食事によって妊娠や出産がスムーズに行くと主張して、このように述べている。

便利で快適な都会で生活をしていると、自然の巡り、生命の営みに鈍感になっているんじゃない？　人間は大宇宙の中の小宇宙の一部。昔の人は、自然の変化によって物事のタイミングを見てくらしていました。お月さんの満ち欠け、大潮や小潮、満潮や干潮を読んだりしてね。特に女性は月の氣の影響を受けているから、妊娠して、赤ちゃんが生まれる時間も昔の人はわかっていたんです。お母さんが臨月に入ったら満月の大潮になった時が出産の時刻。昔の人はいつ生まれるかを勘でわかっていたので慌てず、出産直前は準備万端で迎えていたのです。今は医者の都合で生まれているけど、母子にとって不自然なお産になってとても残念です。

そして、若杉のもとに都会から訪れる女性たちは、食べ物で「子宮」を温めたことで元気になり、妊娠や出産へ至ることができたと若杉はいう。自身の娘が助産師の介助によってスムーズに出産できた体験からも、「子宮」を温める食生活がお産も楽にし、母乳もよく出るようになると述べている。これらのことを踏まえて、「妊娠できないのはどこか不調」があるせいだということに気づく必要があると主張する。

ところで、食生活の改善などによって「子宮」を温めることが、機械や薬に頼らない出産を可能にするという主張は、医師によっても展開されている。例えば、産婦人科医の進《しん》純郎《すみお》が二〇一四年に出した『子宮力』（日本助産師会出版）が挙げられる。同書では、西洋医学に基づく「子宮」の仕組みや妊娠と出産の過程について解説するだけでなく、次のような著者独自の考えが展開されている。すなわち、「子宮」や胎児を守るためには、冷凍食品や缶詰を避けて一汁三菜を摂るべきだとか、「子宮」は月の満ち欠けと関係しており、「宇宙と交信」している臓器だとする持論などである。

進によれば「子宮力」を回復することが大切であるのは、「医療への盲信を捨て、『自分の力で産む』お産」すなわち、「自然なお産」のために他ならない。「自然なお産」とは医療を無視した出産のことではなく、陣痛促進剤を使用したり、器械分娩《ぶんべん》、無痛分娩、帝王切開などに頼ったりしないお産のことを指すが、「子宮」にはもともとそうした力が備わっているとして進は次のように称《たた》えている。

自分の持つ「子宮力」を最大限に発揮して、お産に臨んでください。自然なお産は必ずしも楽ではないかもしれませんが、苦しみがあるからこそ喜びは2倍にも3倍にもなります。「私にできるかしら」と心配せず、まずは挑戦してみましょう。現代人が忘れかけている努力や辛抱などが、人間が生きていくために本当は一番大切だということが理解できるはずです。子宮を有することに誇りを持ち、子宮力を発揮できる機会を与えられたことに感謝し、自然なよいお産に臨んでくださることをこころより願っております。

以上のように、「子宮」のために生活や意識を変えることが、「子宮」の力を高めることにつながると主張している。そして、医療が介入しない「自然なお産」の重要性が強調されている。

これらの書籍では、「子宮」を良好な状態にするために生活を改善する「努力」をすることがスムーズな妊娠や出産につながるという主張が展開されている。だがそれだけでなく、現代女性のありようを批判するための理想像として、「昔の女性」を称えていることが大きな特徴となっている。対照的に現代の女性のイメージとして、便利な道具を使って生活を快適にしたり、好きな食事を楽しむことに比重を置いたりするといった姿が批判的に取り上げられるのである。ただし、彼らのいう「昔の女性」の姿がどの程度一般的なものであったのかという、客観的な記述は見当たらない。

以上が「努力型」の「子宮系」の特徴であるが、ではそれと対比される「開運型」の「子宮系」とはどのようなものだろうか。次に、これについて見てみよう。

「開運型」の「子宮系」

「開運型」の「子宮系」を代表するのは、ブログをきっかけに人気を博するようになった子宮委員長はるの著作である。「子宮」は女性にとっての人格全体の中核をなしていて、神聖なものだと主張する子宮委員長はるのブログは人気を集め、それを書籍化したものがベストセラーになった。二〇一七年以降に発行された「子宮」と題した著作のほとんどが、この子宮委員長はるによるものである。そのため、「子宮系」といえば子宮委員長はるの代名詞と受け取られるほど両者は同一視されている。

だが、内容を見ると、子宮委員長はるによる著作はそれまで「子宮系」で主流だった「努力」を否定するという、いわば逆張りの主張を展開するものである。したがって、その意味では従来の「子宮系」と対極に位置するものの、「努力型」があればこそとも考えられる。では、一体、子宮委員長はるの主張にはどのような特徴があるのだろうか。

一躍有名になった、二〇一五年に出版された『子宮委員長はるの子宮委員会』（KADOKAWA）の冒頭ではるは、「本当の自分の声」とは「子宮の声」だといい、それを聞けば結婚や子育て、お金などがうまく回り出すと主張している。その主張の根拠とされているのは、周囲に認められたくて働きすぎたことで子宮筋腫にかかったことや、精神疾患を患ったという自身の体験であり、性風俗で長年働いていた経験にも言及している。その上ではるは自分を中心に生きることの大切さを説き、そのために「子宮」に耳を傾けることが肝要だと述べている。

ただし、「子宮」とはいってもここでは医学的な臓器イメージは一切なく、イメージとしての「子宮」であることが強調されている。病気で「子宮」を摘出した場合でもその声を聞くことができると記されているのは、それがイメージとしての「子宮」であるからに他ならない。

「子宮」の声の具体的な内容として、「素直に生きる」「自分を愛する」「嫌なことに耳をかさない」などといったことが自身の体験をもとに列挙されている。基本的には何事も我慢せず、自分を優先させることが大切だということが繰り返し強調されている。しかも、これらの主張は暗示的に示唆されるのではなく、明白な形で示されている。

例えば、女は生きているだけで努力をする必要がなく、自分を犠牲にすることは無駄なことだと主張した上で、「あなたが子宮（自分）を大切にしないから、あなたが社会から大切にされないんだよ by 子宮」などと書かれている。こうしたメッセージは、太字で強調されている点にも特徴がある。

「子宮」をケアする手立てについても触れてはいるが、カイロを貼ったり布ナプキンを使うといった程度のことが書かれているにすぎない。むしろ、好きな食べ物を我慢したり、好きでもない運動に取り組んだりすることを否定することに力点が置かれている。その上で、「子宮」が冷えるのは自己嫌悪や妬みなどの感情が「子宮」の血流を悪くするからで、「子宮」を温めるようにしたらそれまで抑圧していた感情が表に出てくると語っている。

また、男性と比較して女性の体が特別であること、その違いを認めつつ女性が罪悪感を抱えずに生きることの重要性を主張している。例えば、はるは抑え込んだ感情について、その感情を閉じ込めず吐き出すことの必要性を訴えている。


現代は大半の人が罪悪感で自分を責めてると思うのです。とくに〝この世の中は性に対する女の思い込みの罪悪感でつくられてるんじゃないのかな?〟って思うくらい、女性は罪悪感いっぱいに生きてる。それで笑顔までをも自分で奪ってるわけです。これが今世の中がうまく回らないしくみの元凶だと思うんですよ。お母さんや、妻や、彼女がパカーンっと元気だったら、男は男の力を勝手に発揮できるんだよ。女の罪悪感が消えたら世界がＨＡＰＰＹになる！

さらに、妊娠や出産も自分を中心に考えるように推奨している。はるによると、妊娠中は「子宮」の周りに抑圧された感情が粒になった「カルマ粒」が現れ、妊娠・出産はそうした感情を吐き出す機会にもなる。それは否定されるべきことではなく、妊娠中に「自分の感情を感じ」ることで、「自分自神」になるのだと主張している。そして、自分が妊娠中や出産の際に健康に対して不安にならずに済んだのは、「子どもは勝手に母を選び、勝手に育ってる」と考えたからだとしている。[*5]

はるの妊娠や出産に対する価値観は、独自の家族観と連動している。著書によると、はる自身は別の男性との間に生まれた子どもとともに、現在の夫と暮らしている。そのことに触れて、子どもを産んでも自分を中心にすべしとした上で、母性に縛られることを否定する。また、子どもを持つ母親に寄せられる周囲のアドバイスが多いことに触れて、母親であることの規範を押し付けてくる人を「寂しい人」だと表現する。その上で、夫に対しても、自分を中心に考えて、暴言を吐けるくらいの方がより良い関係性を築けると述べている。

こうした考えに至った経緯として、はるは自身が母親の喜怒哀楽に振り回される「呪い」にかかっていたためだといい、「呪いを解くのは私自身」の責任だと主張する。そして、子育てもまた「子宮」からの声に耳を傾けて、喜怒哀楽を素直に表現した方が母親としての「呪い」から自己を解き放つのにつながると読者に説くのである。

ところで、「開運型」として挙げられるのは子宮委員長はるによる著作に限定されるが、はるの主張する「子宮系」は人気を集めるだけでなく、熱心にはるを支持する女性たちがネットで情報を発信するようになり広まりを見せた。なかには、独自に「開運型」に類する価値観を披露するネットサイトも見いだされる。はる自身もさまざまなイベントを開催したり、関連するグッズの通信販売などをしている。最近では、著名なタレントがはるの支持者として知られるようになり、より注目を集めるようになった。こうした動向が、「子宮系」といえば子宮委員長はるであり、「子宮系」は主に「開運型」ととらえられるようになった要因だと考えられる。

「子宮系」とは何か

ここまで「子宮系」とは何かについて、「子宮」を表題に含む書籍を手がかりに検討してきた。そこで明らかになったことを総合する時、「子宮系」はどのようなものとして浮かび上がってくるだろうか。これまでの論点を整理することによって、「子宮」はなぜ、そしてどのように聖性と結びつけられて、「スピリチュアル市場」で注目されるようになったのかを明らかにしたい。

「子宮系」の方向性を決めたのは、複数の書き手によって構成されたムックだったと言ってよいだろう。生活情報誌の別冊として出版されたムックは、女性にとって大きな関心事である臓器としての「子宮」の健康について広く取り上げてきた。ムックでは西洋医学に基づく情報だけでなく東洋医学を取り入れることで、「子宮」を自分でケアして健康や美を獲得する理念がメッセージとして発信されている。さらには、「子宮」をケアすることと、自身の内面を明るく前向きにするという主張とが接続されている。そして、多角的なアプローチにより「子宮」の状態を良くすることが、「子宮」に聖性を付与することへとつながっていることが読み取られる。

ここで注意しておきたいのが、ムックでは「卵子の老化」という言説と一体化することで、女性にとって「子宮」の価値がさらなる重みを増している点である。より言えば、「卵子の老化」についての啓蒙《けいもう》と「子宮系」とは、女性の妊娠・出産を肯定し早くに出産することを勧める役割において、ともに広まってきたと言えるだろう。つまり、医療に基づくイデオロギーと言える「卵子の老化」は、スピリチュアルな価値観と近しい位置に置かれているのである。

個々の著者による「子宮系」の書籍のほとんどは、「子宮」の状態を良くするために運動やマッサージをしたり、生活習慣を変えたりといった「努力型」で占められている。ここでの「子宮」は多様なイメージによって聖性が付与されることで、「女性らしさ」の核として位置づけられている。そしてそのことで、「努力」に対して肯定感が与えられるというサイクルになっているのである。こうした特徴は、ムックと近しいと言えるだろう。

他方で「努力型」のなかには、「子宮」の状態を改善することが「自然なお産」を可能にするという、ムックよりも一歩踏み込んだ主張も見られる。こうした書籍では「子宮」に聖性が付与されているだけでなく、妊娠・出産があたかも女性としての自己の存在そのものに関わる使命であるかのように示されている。さらに、その価値は「昔の女性」のイメージと結びつけられる一方で、現代の女性が否定的に描かれていることにつながっている。そして、「子宮」の状態を知ることが、今の自分自身を知ることとされてもいる。

「努力型」と比較すると、「開運型」は従来の「子宮系」の内容をいわば反転させた内容として位置づけられる。なぜなら、「開運型」も「子宮」が自分自身の状態を反映しているとしながらも、最初から「子宮」に聖性を見いだしているからである。「子宮」が自分自身の不安や悲しみを映し出したとしても、感情の切り替えによってすぐに良好な状態にできる手軽さも特徴として挙げられる。「開運型」が「子宮系」のなかでも後になって登場したにもかかわらず注目を集めたのは、自分自身を無条件に肯定する拠《よ》り所《どころ》として「子宮」を位置づけていることが新鮮に受けとめられたからではないだろうか。

そして何よりも、「開運型」は「子宮」のありようの重要性を強調しながらも、妊娠・出産を経て母親になることを理想として掲げていない。むしろ、子どもを産んだとしても、母親として生きることの圧力から自身を解放することが重視されている。

以上が、書籍を手がかりにした「子宮系」についての検討から見えてきたことである。この点を手がかりに、「子宮系」がなぜ今日の女性たちに受容されているのかについてとらえ直すと、現代日本社会における女性たちの立場が浮かび上がってくる。

だが、その点を検討する前に指摘しておく必要がある。それは「子宮系」では、医療や医師が積極的に関与していることが挙げられる点である。「子宮系」のありようからは医師が「子宮」に聖性を付与する努力を称揚し、その方法を示す当事者として活躍しているのはもちろん、「卵子の老化」についての情報を積極的に織り交ぜる役割を担っている。さらに、妊娠・出産を経て母親になることをエモーショナルに肯定している様子も見いだされる。その結果、医療において培われたイデオロギーと「子宮」が聖性を帯びるようになったこととが接続していると読み取られるのである。

そして、今日における「子宮系」の広がりからは、女性にとって大切な「子宮」の健康や美に注意を払うことだけでなく、明るく前向きな内面を持つ「女性らしさ」を育むことが重要視されていると確認できる。こうした価値観からは、保守的な「女性らしさ」を強要する現代社会のジェンダーバイアスが透けて見えるだけでなく、ジェンダーバイアスを肯定し強化することで、そのバイアスを前向きに受けとめて、規範として内在化する「子宮系」の役割が見て取れる。

しかし、今日、多くの女性たちがこのような思いに駆り立てられているのは、決して彼女たちが保守的な女性らしさに基づいた安穏な生活を希求しているからではない。現代日本社会において、労働環境や家庭は性別分業をいまだに自明のものとしている。そこでは、「子宮系」は「女性らしさ」を自明のものとして価値づけて、肯定的、かつ前向きに受け入れることを促進してくれる。そのことでジェンダーバイアスへの疑念が払拭されて、ストレスを避けることが可能となる。

そして何より「子宮系」は、母親として生きるための妊娠・出産する身体性と向き合う方法を示すものである。この特徴には、タイミングを見計らって妊娠や出産に挑まなければならない女性たちの意識が映し出されていると言える。なぜなら、女性にとって妊娠や出産が仕事を辞めるきっかけになったり、キャリアの阻害になったりする例は枚挙にいとまがないからである。「子宮」の状態を普段から整えておけば、比較的リスクが少ない時にタイミング良く妊娠や出産に至ることができるかもしれないという女性たちの願いが、「子宮系」の人気につながったと見ていいだろう。

ただし、「子宮系」のなかでも「開運型」に分類されるものは、妊娠・出産を経て母になることに対して異なる価値観を提示していることを指摘しておきたい。すなわち「開運型」では、子どもを産むのは自分自身のためであり、子どもを産んだ女性がもっぱら母としてのみ意味づけられることは忌避されている。このような「開運型」のスタンスは、子どもを産むと社会から母としてしか見なされない女性に対して、訴求力を示すものだろう。

しかしながら「開運型」もまた、美しさを獲得して明るく前向きな内面性を培うという「女性らしさ」が過剰に肯定されて、ジェンダーバイアスが再生産されるものである点で

「努力型」と差異はない。

以上、「子宮系」でも「努力型」と「開運型」には相違があることを整理してきた。最後に一点、両者に共通する要素について指摘しておこう。それは、男性が後景に退けられているということである。すなわち、前者では男性の存在はほとんど言及されておらず、また、妊娠や出産に関わる過程でも登場せず、せいぜい、妊娠に至るセックスの相手として言及される程度でしかない。さらに「開運型」では、男性はあくまで女性である自分自身の脇役として位置づけられているにすぎない。ただし、この特徴は「子宮系」だけに留まるものではなく、「スピリチュアル市場」における妊娠・出産をめぐって広く見いだされる傾向であるため、後ほど詳しく検討したい。

「子宮系」は現在、「開運型」が主となりながら、継続的に支持者を集めている様子がネットからうかがわれる。しかし、「子宮系」が示す妊娠や出産のありようとそこから浮かび上がる女性を取り巻く状況は、今日でも少しも変わっていない。「子宮系」と「子宮系」から見える女性の葛藤がこれからどこへ向かうかは、依然として目が離せない問題である。

第三章　神格化される子どもたち――「胎内記憶」と胎教

「胎内記憶」とは何か

「胎内記憶」という言葉をご存じだろうか。「胎内記憶」とは、生まれる前から子どもが持つとされる記憶のことで、母親の胎内にいた頃だけでなく、子ども自身が「かみさま」と相談して母親を選んだ記憶や、神秘的な体験をした記憶を語り出すというものである。「胎内記憶」は映画「かみさまとのやくそく」（荻久保則男監督、二〇一四年）の公開をきっかけに、広く知られるようになった。

「かみさまとのやくそく」には主に子どもたちやその母親に焦点を当てて、「胎内記憶」が語られる様子が映し出されている。また、「胎内記憶」の存在を主張する産婦人科医や大学教授、胎児の声を聞いて母親に届けるという「たいわ士」（胎話士）が登場して持論を語っている。「かみさまとのやくそく」はネットの口コミで広まり、渋谷の映画館アップリンクをはじめ全国各地で上映された。

筆者もSNSでの評判に興味を持ち、「かみさまとのやくそく」をアップリンクで観《み》たことがある。アップリンク渋谷は収容人数が少ないミニシアターであったものの、平日にもかかわらず女性の観客で満席になった。上映中に、すすり泣きの声が漏れ聞こえたことが印象に残っている。終了後、館内での観客の様子からは、映画がおおむね好意的に受けとめられていることがうかがわれた。

しかし、筆者自身は映画の内容に大きな戸惑いを覚えた。困惑したのは、「胎内記憶」の内容が非科学的で疑わしく思われたからではない。「胎内記憶」がどのような意味や価値を持つのか、なぜ観客を集めて感動させることができるのかが全く理解できなかったからである。子どもが大人に対し、非現実的な話を語って聞かせることはそれほど珍しいことではないだろう。しかし、なぜそれが映画に取り上げられたり、専門家によって解説されたりするのかが理解できなかった。さらに、観客の女性たちが涙する理由についても全くピンとこなかった。

だが次第に「胎内記憶」は映画だけでなく、書籍や雑誌、絵本などで取り上げられるようになり広く人気を集めるようになった。映画に登場した産婦人科医の池川明は定期的に講演会を開いて、「スピリチュアル市場」でも注目の人物として有名になっている。「胎内記憶」は、現在も継続して注目されているコンテンツと言えるだろう。

では一体、「胎内記憶」とは何だろうか。それは、どのような意味や価値を持つものなのだろうか。そしてそれはなぜ、注目されるようになったのだろうか。本章では「スピリチュアル市場」でも人気のある「胎内記憶」について検討する。

ところで、「胎内記憶」は全く新しいコンテンツというわけではない。二〇〇〇年代に入って「胎内記憶」が広がる以前から、胎教との関わりで「胎内記憶」は取り沙汰されてきた。映画の冒頭でも胎教で有名な教育研究家である七田眞《しちだまこと》の名前が示されていたし、池川明自身も胎教という言葉を使うことがある。胎教と「胎内記憶」とは密接に関係しているだけでなく、一般的には胎教の方に馴染《なじ》みがあるのではないだろうか。

胎教とはまだ子どもが母親の胎内にいるうちから働きかけて、その成長を促すという教育ないし養生法のことを指す。胎児のうちから教育的に働きかければ、胎児の知能を高め、倫理や道徳、人間性を育むのに有効だと考えられている。胎教はまた、妊娠中の母親の望ましい過ごし方を示す指針としても発展してきた。そして、胎教は世界中にあり、その歴史も古く、さらには宗教や宗教的価値観と密接に結びついて展開されてきたのである。[*1]

胎教について取り上げた先行研究のなかでは、雑誌記事や書籍を中心に戦後の胎教を検討した種田博之の議論が注目される。[*2]種田によると、戦前の胎教は、良妻賢母思想に基づく道徳的様式として発展した一方で、科学的視点から批判の対象ともされてきた。だが、戦後、特に七〇年代に入ると胎教はいわゆる「先達の知恵」として見直されるようになり、次第に医学的知見と融合し始める。そして、八〇年代に入ると、胎児に音楽を聞かせたり話しかけたりすることで「脳を発育させる」、「頭のよい子」「天才児」を産む働きとしての胎教が、医学の装いのもとで強調されるようになったと種田は述べている。このような胎教をめぐる変化について、医療器具の発展により胎児の発育がリアルタイムでわかるようになったこと、とりわけ八〇年代以降にエコー診断が一般的になったことも影響していると指摘している。

種田の議論からは、七〇年代に入り胎教が見直されてきたことが理解される。しかし、胎教は医学の装いと同時にスピリチュアリティとより深く接続するようになった点については看過されている。

また、二〇〇〇年代に「スピリチュアル市場」で「胎内記憶」が話題とされるようになったのは、それが母親と胎児との関係について、胎教の影響を受けながらも独自の見解を示したことから、女性たちの支持を集めるようになったことがきっかけだった。しかも、「胎内記憶」に関してはこれまで検討がなされてこなかった。本章では胎教と比較することで、「胎内記憶」の特徴を明らかにしたい。[*3]

具体的な内容に踏み込む前に、胎教と「胎内記憶」についての書籍の全体像に触れておこう。胎教についての書籍は、主に九〇年代を中心に出版されている。著者の職業は多様で、医師や助産師だけでなく、教育研究家、大学教授を含む教師の他に、宗教関係者やセラピストが挙げられる。同じ著者が複数の書籍を著している場合もあり、特に教育研究家の七田眞と産婦人科医の森本義晴、それに京大霊長類研究所の大島清がそれぞれ二冊ずつ執筆あるいは監修している。

二〇〇〇年代に入ると、「胎内記憶」に関する書籍が中心となる。「胎内記憶」に関しては、一冊を除いてすべて産婦人科医の池川明による。したがって「スピリチュアル市場」で人気となった「胎内記憶」は、池川の考えが直接的に反映していると言えるだろう。そして、胎教も「胎内記憶」も、執筆者は圧倒的に男性が多く、女性の執筆者は少数に留まっている。また、一冊のボリュームが大きく著者がそれぞれに独自の考えや価値観、さらには社会観などを盛り込んでいる内容のものと、妊婦が気軽に読めて実践できる内容のものとに分けられることも胎教と「胎内記憶」の書籍の特徴として挙げられる。では、胎教と「胎内記憶」はそれぞれどのような内容を有しているのだろうか。次に、具体的な中身について取り上げていきたい。

妊婦のための胎教

九〇年代から二〇〇〇年代にかけての胎教を扱った書籍は、妊婦のリラックスを重視するものと、胎児に積極的な働きかけを行うことを重視するものと、大きく二つに区分することができる。ここではまず、妊婦がリラックスして妊娠期を過ごすことを重視する胎教を取り上げた書籍に注目しよう。

妊婦のリラックスを重視する胎教の書籍は、妊娠の周期にあわせて胎内や胎児の状態を具体的に示しながら、胎児の発育にとって適切な妊婦の過ごし方や食事の摂り方を示した構成となっている。また、妊娠中に飲んではいけない薬や、性交渉で注意しておきたいこと、アルコールやタバコとの付き合い方などについても解説されている。具体的な事例を取り上げつつ妊婦の不安を取り除いた上で、神経質にならずに日々を過ごすことが胎児の発育にプラスになることが強調されている。

そして、妊婦のリラックスを重視する胎教の本では、音楽や心理療法などが取り入れられていることに最も大きな特色がある。そうした書籍の例として、産婦人科医の森本義晴によるものを見てみよう。一九九三年に刊行された『胎教——胎児のための能力開発』(エピック)では、森本が自分の医院で開発した母親が深くリラックスするための呼吸法や、自律神経を鍛えて妊娠中の過敏な気持ちを和らげる箱庭療法などが紹介されている。

そのなかで、胎児とコミュニケーションを取ることが勧められている。最初は、胎児がおなかを蹴った時に外から軽く叩《たた》いて反応を見ることから始まる。それができるようになれば、次は胎児と文字通り会話することへと進められていく。森本は胎児に話しかける方法として、アメリカで開発されたプリガフォーンと呼ばれる、ホースの両端にじょうごがつけられたような道具を使うやり方を紹介している。プリガフォーンの片方を妊婦が自分の腹に当て、もう片方を自分の口に当てて話すことで会話ができると説明されている。

このように胎児に直接話しかけて、愛情を伝えることが脳の発達を促すのだと主張されている。後述する著作では、この胎児に話しかける方法は「胎談」と名付けられて、希望の日時を伝えればその日に子どもが自発的に生まれてくるとさえ説明されている。
そして、胎児とのコミュニケーションを重視する胎教においては、胎児が一人の人間としての人格をすでに持っているとする価値観につながっている。このことを具体的に説明するために、プロローグとして掲載されている、森本の創作による物語に注目しておきたい。それは、「泰晴」と仮に名付けられた胎児の胎内での経験が、仮の期日とともに語られている内容の文章である。

〈胎内暦日　九週○日〉
泰晴君は、上層に浮遊する球状の物体をながめながらつくづく考える。「居心地が悪いわけではないが、ちとたいくつだなあ」魚類の羊水は海水と直接交通をもつといわれているが、確かにここはすべての生物を生み出した大海のような、なつかしさと優しさに満ちている。泰晴君を取り巻くこの太古につながる水は、最近少しずつ量が増してきたようだ。この胎内世界のなんとも言えない心地よさの中に、泰晴君はただふわふわと漂いながらまどろんでは目覚め、目覚めてはまどろむ。

このように、胎児が意識を持った人格を有して、胎内での出来事を感じたり考えたりしているというイメージが強調されているのである。

他方で森本は、一九九六年に『ママおしえて——新米ママ&パパのための胎教CDブック』（ビクターブックス）と、二〇〇八年に『しあわせ胎教BOOK——ママの声が聞こえるよ』（西東社）と題する、音楽を中心に取り上げた気軽に読める胎教の書籍を執筆・監修している。これらは、ピンクや黄色、緑を使った可愛《かわい》らしいイラストをあしらった書籍本体に、効果があるとされる音楽を収めたCDが付録として付けられている。同書では、森のなかや小川のせせらぎなど「自然」から聞こえてくる規則性と不規則性を併せ持つ、「ゆらぎ」を表現した音楽が胎教に効果的だとする主張が展開されている。『ママおしえて』の「雄大な自然をイメージしましょう」と題した章では、胎児が神秘的な存在であることを強調するため、次のように胎児と宇宙との類似性を説くとともに、そのことを胎児に語りかけることが勧められている。

まず、最初に、赤ちゃんに壮大な宇宙のことを話してあげてください。赤ちゃんは羊水の中でひとつの宇宙を作っています。たったひとつの細胞がどんどん増え、60兆もの細胞の集合体＝赤ちゃんになっていくのです。これは新しい宇宙が生まれ、どんどん成長していくビックバンに似ています。何も難しいことを教える必要はありません。「私たち人間はとても小さいけど、大きな宇宙の中でちゃんと生きているのよ。あなたは今、私のおなかの中という小さな宇宙にいるけれど、生まれ出る世界はとてもとても大きな宇宙なのよ」と、赤ちゃんが壮大な宇宙の一員であることを教えてあげればいいのです。

そして、胎児に宇宙の壮大さを教えるために、妊婦が森のなかで過ごしたり星空を見上げたり、海に行ったりすることが推奨されている。このように妊婦が「自然」と接することが、結果的に胎児の脳細胞の発育にも良い影響を与えるとしているのである。

胎教に音楽の利用を勧める書籍は、他にもさまざまなものが出版されている。そのなかで、特に音楽による胎教は胎児の脳の発育を刺激し成長を促すとして、「科学的」と受け取れる説明がなされることが多い。こうした主張には、九〇年代頃より注目されるようになった「脳科学ブーム」の影響が見いだされる。[*4]

さらに、母体がリラックスすることを目指す胎教からは、胎児をようやく息吹《いぶ》き始めたばかりの生命としてだけでなく、すでに一個の人格を持つ独立した他者と見なす傾向が読み取れる。その上で、胎児を宇宙や自然とつながりを持った、神秘的な存在と見る主張と接続している。また、宇宙や「自然」と胎児とのつながりを強調するためにも、音楽が利用されていることが挙げられる。

このように妊婦のリラックスを通して胎児の成育を重視する胎教の教えがある一方で、母親の積極的な働きかけこそが子どもの知能を大きく左右し、将来を決定づけるとする内容の書籍も数多く出版されている。次に、この点について検討したい。

積極的な胎教

積極的な胎教を主張する書籍のなかでは、胎教が優秀な知能を育むだけでなく、生まれてくる子どもの人格も決定づけることが盛んに言われている。具体的には胎教の目的として、いじめや万引き、家庭内暴力、不登校などに陥らない子どもをつくることが設定されている。そして、そうした胎教には母親の愛情が不可欠であるために、家庭内で「女性として」の役割を積極的に担うことも胎教に含まれている。例えば、仕事で不在の夫の代わりに妊婦としてしっかり胎教に取り組むことだとか、出産前後に干渉してくる義母に寛容な態度を示したりすることなど家庭を維持する具体的な例が挙げられている。そうした意味で、積極的な胎教は保守的な妻としての役割を含んでいると言えるだろう。

胎教にまつわるこうした傾向の書籍のなかで最も目を引くのが、右脳教育研究家である七田眞による著作である。七田は胎教によって知能を高めるだけでなく、特殊な力が身に付くとする「右脳教育」の可能性を提示することで、幼児教育そのものにも大きな影響を与えてきた。「右脳教育」に特化した、ゼロ歳から幼児までを対象にした知育教室である「七田式教室」は、七田眞が逝去した現在でも全国的に展開している。さらに七田は胎教だけでなく、子ども向けの語学教育法や、人生訓、健康法などの著作を数多く出版している。また、「胎内記憶」という言葉を本の題名に使用したのも、七田が最初である。

七田は長年にわたり「右脳教育」の重要性を説いてきたが、「右脳教育」とは言葉によらない潜在的な能力を司るとされる右脳に働きかけて、その能力を引き出すという独自の教育方法のことを指す。この七田の考えにも、いわゆる脳科学の影響が見て取れる。そして、胎児のうちから脳の潜在的な能力を引き出すことができれば、生まれてすぐに言葉を話したり、親とコミュニケーションを取ったりすることができるとしている。七田の主張の興味深い点として、胎教によって予知能力や透視能力などの、いわゆる超能力を持つ子どもにすることも不可能ではないと主張していることが挙げられる。
そして、七田が胎教において最も重要としているのは、母親が前向きに努力して取り組むということである。具体的な内容として、一九九八年に出版された『胎児は天才――胎教で楽しい子育て』（光雲社）の冒頭での一文が挙げられる。

胎児に心を通わせ、健やかに育てようというのが胎児教育なら、すべての親が考えなくてはならないことではないでしょうか。母親が忍耐強く、赤ちゃんの相手をしてあげることで、母子の一体感が与えられます。母親が胎児に毎日心を通わせ、言葉をかけ、愛情を送ってあげること、生まれてからは母親が赤ちゃんを見つめ、頻繁に声をかけてあげることがその子のＥＱ（心の発達指数）を高めます。

他方で、胎児の側も母親に影響を与えると主張するのも、七田の考えの特徴と言えるだろう。同書では、右脳教育に取り組んできた妊婦が、逆子になった胎児に話しかけたところ正常な位置に戻ったというエピソードが披露されている。このエピソードに対して、七田は以下のようにコメントを加えている。

胎児は宇宙エネルギーの波動と同じ波動をもっていて、宇宙と一体なので、宇宙エネルギーを使うことができる存在なのです。親がそのことを知って、胎児に自分の体の悪いところを治してくれるように頼むと、母親の病気を治してくれます。だから切迫流産をお腹《なか》の赤ちゃんに頼んで治してもらった、つわりを赤ちゃんに頼んで治してもらったというお母さんたちがいるのです。

同書では、胎教の具体的な方法も記されている。その中心は妊婦が胎児に積極的に呼びかけたりすることであるが、他に七田がつくったカードを見て学習したり、音を使ったヒーリングやダンスを実践したりすることなどが推奨されている。

七田によれば「右脳」を成長させる胎教は、頭の良い子をつくり出すことのみを目指すものではない。一九九三年に出版された『驚異の胎教――出産・子育てが楽しくなり、かしこい赤ちゃんが生まれる七田メソッド』（日本経済通信社）のなかで、「右脳」を鍛えることの意味について七田は次のように述べている。

子育てをするのなら、学校型の左脳の開けた秀才を育てるのではなく、大きくなって本当に世の中に役立つ右脳型の天才を育てる教育を目指しましょう。これまでの左脳型の教育の特徴は、競争原理で育てることです。右脳型は心の育児を目指します。宇宙時代の子育ては心の育児が大切なのです。心の教育が子どもを伸ばすことを知っておきたいものです。この子育ては胎教から始まります。（略）二一世紀は心の時代です。心の広い人、大きい人が人の上に立ち、人を動かし、人がついてくる時代です。小さな時から心を大切に育てましょう。

このように「胎教」によって優れた子どもを育み、その子どもが社会を牽引《けんいん》することの重要性が説かれている。また、未来への希望が描かれていることも特徴として挙げられる。ところで、七田による胎教では明るく前向きなことばかりではなく、胎教を行わないと子どもに悪影響が出ることも主張されている。例えば、七田の著作には、胎教によって胎児に愛情を十分に注がないと流産につながったり、子どもの発達に遅れが出るとする見解が示されている。また、胎教の段階で言葉を覚えさせておかないと、生まれてから言葉を取得するのに時間がかかるとも述べている。

母親の体調管理が、胎児の成長に直結するとも主張する。そのためには、妊娠中に母親が自身の健康に気を使って生活を送ることとも大切なこととされて、七田の考えに則った健康法の実践が推奨されている。具体的には汚染されていない綺麗《きれい》な水を飲むことや、ミネラルを含む天然の塩を積極的に摂ること、肉食や乳製品をできるだけ控えて野菜を多く摂ることなどが勧められている。また、家電などの電化製品から漏れ出る電磁波が胎児の脳に悪影響を与えるので、避けるようにとの見解も示されている。

そして、このような健康法を実行しなければ胎児の健康に問題が出て、流産してしまったり子どもが障がいを持って生まれたりするとすら述べているのである。こうした七田の持論からは、妊婦に緊張感をもって胎教に取り組むことを要求する姿勢が見いだされる。

さらに七田は胎教の要素として、出産方法の一つである「自然なお産」も組み込んでいる。「自然なお産」についての明確な定義は存在しないが、一般的には帝王切開や無痛分娩、吸引分娩など器具を使った分娩ではない、通常の経膣分娩のことを指す。七田はこのような「自然なお産」の重要性に加えて、胎児に負担を極力与えない静かなお産を行うことの必要性を主張する。

また、母乳で育てることも重視する。なぜなら、母乳は赤ちゃんにとって不可欠な栄養を含んでいると同時に、母親の乳房に吸い付くことで脳細胞が刺激されると七田はとらえているからである。積極的な胎教の仕上げが、「自然なお産」や母乳での子育てと結びつけられているのは興味深い点と言えるだろう。

ところで、胎児に配慮した「自然なお産」を重視する主張は、七田が注目する「胎内記憶」とも関係している。七田はライターであるつなぶちようじとともに、一九九八年に『胎内記憶――バース・トラウマの秘密』（ダイヤモンド社）を出版している。同書において「胎内記憶」とは、母親の胎内にいる時だけでなく生まれる時の「誕生の記憶」として「暴力」を受けて傷ついたことも含んでおり、どちらかと言えば否定的な意味を含んでいる。例えば、病院での出産は胎児にとって急に光が差す場所に引きずり出されたり、すぐにへその緒を切られたりと「暴力」に晒される傾向があり、それが胎児に悪影響を与えることが「胎内記憶」やあるいは「誕生の記憶」として取り上げられているのである。

すでに述べたように、七田は胎教によって胎児に働きかけて、「自然なお産」による静かなお産をすることが、生まれてくる子どもの脳に大きく影響を与えるとしている。なぜなら、出産時の「トラウマ」は大人になってからの人間性にも影響を与えると考えられているからである。

七田が念頭に置いているのは、八〇年代初めに翻訳されて日本の助産医療にも大きく影響を与えた、フレデリック・ルボワイエの『暴力なき出産』である。[*5] 同書は、胎児は生まれた時の様子をしっかりと記憶していて、それが成長過程に影響を与えると主張して注目を集めた。日本のみならず海外でもお産のあり方に大きな影響を与えたと言われている。

このように、胎児に積極的に働きかける胎教を推奨する書籍では、脳の発達に母親の役割が欠かせないことや、母親が妊娠中に独自の健康法に則り体調を整えることなどが提示されている。他方で、胎教への取り組みが不十分だった場合には、胎児の発育が遅れたり、障がいを持って生まれてくるといったことも付記されている。こうした考えの背景には、子どもを胎児の段階からいわばエリートとして育てるべきだとする、七田の優生思想が透けて見える。そしてその責任は、すべて母親が負わされているのである。

ここまで、九〇年代から二〇〇〇年代に出版された胎教に関する書籍について検討してきた。次に、「スピリチュアル市場」で人気を集めるようになった「胎内記憶」を取り上げて検討しよう。

展開する「胎内記憶」

すでに述べたように、「胎内記憶」は「スピリチュアル市場」において人気のコンテンツである。その主導者は池川明で、「胎内記憶」に関する著作のほとんどが彼の手によるものである。また、池川は「胎内記憶」という言葉を使用しながらも、七田の立場と違って「胎内記憶」を否定的にはとらえていない。むしろ、肯定的な意味や価値を持つものとして「胎内記憶」を提示してきた。その具体的な内容について、池川の著作より触れておきたい。

池川は、「胎内記憶」を具体的に示すために、自身のクリニックで妊婦やスタッフから「胎内記憶」について聞いた体験や、子ども自身から聞き出した「胎内記憶」の数々を掲載した本を著している。二〇一〇年に出版された『ママを守るために生まれてきたよ！――胎内記憶といのちの不思議 part2』（学研）がそれである。

池川によると「胎内記憶」には種類があり、それは胎内にいる最中の記憶、陣痛から誕生するまでの記憶、そして「おなかに宿る前にいた世界の記憶」を指す「中間生記憶」からなる。そして、これらのなかで最も重視されているのが「中間生記憶」である。なぜなら「中間生記憶」とは、子どもが母親の胎内に来る前に、天上で「かみさま」と相談して母親を選んで生まれてきた記憶のことを指すからである。

池川は著作で、子どもがいる妊婦に「胎内記憶」の存在を尋ねるアンケートを取ったり、実際に子どもから「胎内記憶」を聞き出した母親からのメールを集めたりして確信を深めたと述べている。「胎内記憶」は、日常における母親の体験談として紹介されているのが特徴的であり、「中間生記憶」についても例示されている。例えば、長男が「胎内記憶」を持つという母親が池川に紹介したという以下のような内容が挙げられる。

男児ふたりの母で、長男に胎内記憶があります。「ぼくのおなかにひもがついていて、それを振って遊んでいた。ひもの端が平たくなっていて、お母さんの体にくっついていたよ」などと話してくれました。（略）また長男は、「このお父さんとお母さんがいいなと思った。神さまが『いま行け！』と言ったから、おなかに入った。かずくん（弟）とは、あっちで仲よくなり、きょうだいになることを決めてきた。かずくんが『先に行って』と言うから、ぼくが先に来た」とも話しています。

間に入る文章でこの母親は、長男から生後一週間の時お風呂場の床に落としてしまったことを「ぼくはお母さんを許しているんだよ。何も気にしなくていいからね」と言われて、涙が止まらなかったと綴っている。このように、母親の失敗や後悔に対して、子どもが「許す」といったようなエピソードが散見するのも「胎内記憶」の特徴と言えるだろう。さらに、池川は赤ちゃんは自分が挑戦できる環境を選んで生まれてくるため、虐待が起こりやすい家庭に生まれたり、障がいを持って生まれてくる場合もあると述べている。

流産や死産においても「胎内記憶」は適用される。胎内での胎児の死亡が確認された際に、赤ちゃんが「雲の上」に帰るまで会話を交わした母親の体験が示されている。また、実際に妊娠しなくても「胎内記憶」が生じることがあるとして、不妊のために養子を迎えようと決めた時に、「夢の中に男の赤ちゃんが出てきて、にこにこと笑った」というエピソードも掲載している。

池川はこうした「胎内記憶」のあり方について、二〇一五年に出版された、言語学者で「かみさまとのやくそく」にも登場した大門《おおかど》正幸との共著である『人は生まれ変われる。――前世と胎内記憶から学ぶ生きる意味』（ポプラ社）で、以下のように述べている。

特に、おかあさんたちにとって、出産は自らを主人公とした物語において重要な位置を占めます。だから、胎内記憶に興味を示し、赤ちゃんとの物語を感じようとするのでしょう（略）赤ちゃんの意思を尊重し、その意思を受け入れるためにはコミュニケーション能力を磨かなければなりません。コミュニケーションを磨くことで見えてくるもの、気付くことは多々あります。解釈の深さは魂の経験レベルに関係しますので、日々魂を磨くチャンスとして、赤ちゃんや子どもたちとのコミュニケーションがあるのではないかと思います。

その上で、赤ちゃんが生まれてくる意味について、「『このおかあさんとなら共に人生を歩むことができる』と赤ちゃんが選んで生まれてきたことがわかれば、おかあさんにとって、それは生きる自信にも希望の光にもなります」と主張している。この池川の見解は、「胎内記憶」が母親にとってどのような意味を持つのかを考える重要な手がかりになると考えられる。

「胎内記憶」においてもまた、胎児に対して働きかける胎教も重要な要素となっている。胎教と「胎内記憶」については、二〇〇三年に出版された『おなかの中から始める子育て――胎内記憶からわかるこれだけのこと』（サンマーク出版）や二〇一〇年に出版された『子どもはあなたに大切なことを伝えるために生まれてきた。――「胎内記憶」からの88

のメッセージ』（青春出版社）が挙げられる。この二冊は改訂版が出版されるほどに人気を集めた。

池川のいう胎教には、脳が発達した子どもにしたいとか、人間性豊かな子どもにしたいという、いわば胎教で達成するための目標が設定されていない。それよりも、子どもが胎内でどのような体験をしたのか、何を見たり聞いたりしたのかという「胎内記憶」そのものが重視されている。なぜなら池川によると、胎児は「胎内記憶」のおかげで胎内の出来事だけでなく、母体の外で起こったことも「おへその窓から外をのぞける」からである。また、母親が胎児に話しかけた内容や、母親と周囲の人びととの会話を胎児は聞いているという。

このような理由から、母親が胎児と密接にコミュニケーションを取る胎教を行うことが、赤ちゃんにとっても母親にとっても、理想的なお産につながるというのが池川の主張である。そのため、池川のいう胎教の実践は胎児に話しかけるといったものに留まり、それよりも妊婦がリラックスして穏やかに過ごすことが「胎内記憶」に影響を与え、それが胎児に良い結果をもたらすと強調しているのである。

「スピリチュアル市場」と「胎内記憶」

ところで、池川の著作には、スピリチュアルな情報がこまごまと取り入れられていることが見て取れる。例えば、池川は出産の際にそのタイミングを見計らうために、霊的な力によってエネルギーを感知するダウジングと呼ばれる方法を取り入れている。[*6] さらに、生まれてきた子どものケアのために、エネルギーを調整する方法であるレイキや、[*7] 代替療法の一種であるフラワーパッチレメディを使うことなどを推奨している。[*8]

また、新しく出版された著作ほど、「胎内記憶」のスピリチュアリティが一層強調されるようになっている。例えば、「胎内記憶」を持つ子どもについて、ニューエイジ運動・文化で特別な能力を持つ子どもを指す、インディゴ・チルドレンになぞらえていることが挙げられる。他にも、キリスト教や仏教、養生訓などの他に、スピリチュアリズムの考えが引用されて「胎内記憶」の重要性が説かれているのである。[*9]

「スピリチュアル市場」で注目されている人物が多く登場したり、紹介されているという特徴も挙げられる。例えば、魅力的な妊婦として「子宮系」で有名な子宮委員長はるや、胎教を推し進めた産婦人科医の森本義晴、ニューエイジや「オカルト」に造詣が深い精神科医の越智《おち》啓子などとの交友関係に言及しているのである。

そうしたなかで、「胎内記憶」についてのとらえ方にも微妙な変化が見られる。特に目につくのが、「胎内記憶」のなかでいわゆる「過去世《かこせい》」にまつわる記憶を重視するようになった点である。「過去世」とはもともと仏教の輪廻《りんね》転生に由来する考えで、生まれ変わっても保持されるかつての生とその記憶のことを指す。二〇一五年に出版された『生まれた意味を知れば、人は一瞬で変われる——胎内記憶・前世記憶研究でわかった幸せへの近道』（中央公論新社）では、子どもによっては「胎内記憶」に「過去世」の記憶が影響して、発育に影響を与えると言及されている。その例として、アウシュビッツに収容された「過去世」の記憶を持つ子どものエピソードを紹介して、「過去世」に基づく子どもへの接し方の必要性を訴えている。

このように「胎内記憶」に宗教や宗教的世界観を付与する池川は、自らの宗教観についてそれほど強く主張しているわけではない。むしろ、以下のように自身の宗教観について述べている。

私は特定の宗教に帰依しているわけではないので、改めて問われると、答えに窮してしまいます。でも、この世界に存在する無数の命を、昔も今も、未来永劫《えいごう》にいたるまで守り育んでくれる、宇宙の「大きな力」「ありがたい力」があることは、間違いないと思っています。

ただし、特定の宗教を信仰しているわけではないとする池川は、続く文章で「日本人のDNAに綿々と伝わる『大きな力』『ありがたい力』を象徴するのは、おなじみの神道の神様と、仏教のお釈迦《しゃか》様といってよいでしょう」とした上で、「アバウトな日本人のメンタリティをけっこう気に入っています」とも述べている。こうした言及からは、池川の「胎内記憶」が日本という国家観に結びつきやすい要素を持ち合わせていることが読み取れる。

そして、池川がスピリチュアルな価値観や世界観に傾倒すると同時に、科学に基づく医療に対する忌避感を抱いていることが表明されている。池川は「胎内記憶」には科学的根拠がなく、医師たちの間でも受け入れられているわけではないといいながら、二〇一六年に発行された『おなかの中からママとパパを見ていたよ——心がホッとする胎内記憶の奇跡』（主婦の友社）のなかでは以下のように述べている。

でも、医者が信じるとか信じないとかそんなことよりも、実際に胎内での記憶を語る子どもがいること、そしておなかの中に小さないのちを宿しているお母さんたちが、おなかの中の赤ちゃんに記憶があると思うことで安らかな気分になったり、豊かな気持ちになったりすること。それ以上に大切なことはないと思うのです。

さらに注目したいのは、池川が「胎内記憶」を信ずる姿勢は、「自然なお産」の重要性を強調する姿勢と結びついている点である。「胎内記憶」という考えに出会ってから、池川は「本当に安全なお産とは、赤ちゃんの体を守るだけでなく、その心をむやみに傷つけないお産」(『おなかの中から始める子育て』)だと考えるに至ったという。池川が妊婦を不安にさせない環境づくりや呼吸法で、分娩の痛みを緩和するお産に挑む必要性を強調しているのはそのためである。さらに、医薬品に頼らず経膣分娩を行うことや、へその緒をゆっくりと切除する必要性を説いている。ただし、池川は帝王切開や、赤ちゃんの頭を吸引することでお産を補助する吸引分娩が必要な場合は受け入れるべきだと述べている。その場合は、生まれた後のケアでフォローができると付け加えている。

ところで、池川の著作からは、「スピリチュアル」な事柄を肯定的に取り上げながら、それを独自の家族観へとつなげているという特徴が見いだされる。その点にも注目しておきたい。もともと池川は「胎内記憶」において、父親の役割をそれほど重視していなかった。例えば前掲の『生まれた意味を知れば、人は一瞬で変われる』では、家事に関わろうとしない夫に対する女性の苛立《いらだ》ちに対して、繰り返ししつけをするような気持ちでレクチャーすること、すなわち「夫のことは、犬だと思え」が解決策と述べている。さらに、必ずしも夫婦で添い遂げる必要がないと「魂」が感じたり、DVを受けるなどの被害を受けたりすれば、すぐに離婚することを勧めてもいる。このように、母となる女性にとって必ずしも夫が必要ではないことがしばしば著作で言及されてきた。

それがより極端な形で表明されているのが、セックスレスでも子どもは生まれてくるという考えである。この点について言及するために、二〇一八年に出版された『セックスレスでもワクワクを求めてどんどん子宮にやってくるふしぎな子どもたち』（ヒカルランド）を取り上げたい。「胎内記憶」が表題に含まれていないが、ここでも話題の中心は「胎内記憶」である。

この著作は、母親の胎内に宿る前に宇宙にいた記憶があるとする、咲弥《さくや》と名乗る女性との対談を軸に書かれている。咲弥は著作のなかで、結婚相手とセックスをしていないにもかかわらず、子どもを妊娠して生んだ体験を語っている。

生まれてきた子どもは宇宙から来たのだと主張する咲弥に対し、池川はその主張を肯定的に受けとめた上で、神様が女性に「勝手に、女性だけで産んでいってね」と「単為生殖」を促しているのかもしれないと返している。医療者としては突飛とも言える発想だが、父親の必要性を生殖の段階においてまで排除する池川の価値観は興味深い。

ここまで、九〇年代から現在に至るまでの胎教をめぐる論調について整理した上で、「スピリチュアル市場」で人気のコンテンツとなっている「胎内記憶」について見てきた。では、胎教と「胎内記憶」はどのような関係にあるのだろうか。次にこの問題を見てみよう。

胎教から「胎内記憶」へ

胎教との関係に焦点を当てることで、「胎内記憶」の特徴について検討するが、その前に胎教をめぐる二つの立場の違いを振り返っておこう。これまで見てきたように、胎教には妊婦がリラックスすることを重視する立場と、胎児に積極的に働きかけることを重視する立場とがある。

妊婦がリラックスすることを重視する胎教では、それによって間接的に胎児の健全な発育を促すことが目指されている。この立場での胎教においては、胎児が胎内においてすでに独立した人格を持つ存在として設定されている。胎児に対して話しかけることの重要性が強調されるのは、この特徴と密接に関係している。その上で、胎児を「宇宙」や「自然」と一体のものと見なすことで、神秘的な存在としても意味づけている。

それに対して、積極的な胎教においては、母親は優れた子どもを世に送り出すために、胎教に心を配るべき役割を担うものとされている。子どもは胎教によって優れた能力を獲得するだけでなく、未来を導くほどの存在となることが期待されているのである。この立場では、子どもが生まれる前から母親としての意識を持ち接することの重要性が強調されているのも、優れた子どもを育てることが母親の使命とされているからに他ならない。

この二つの内容からは、同じ胎教といっても異なる特徴が示される。まず大きく違うのは、前者が母体の安全や主体性を重視するのに対して、後者は胎児の育ち方に重点が置かれる点である。言い換えれば、前者の胎教では母親が主であり胎児は従属的に位置づけられるのに対して、後者ではその関係が反対に位置づけられる。後者の立場に立つ胎教では、母親が家庭において家父長制に組み込まれるのもその延長にある。さらに、母体の心がけによっては結果的に流産したり、障がいを持つ子どもが生まれると述べるなど、脅しめいた主張とセットになっているのも、母親があくまでも胎児に対して従属的な存在として位置づけられているからであろう。

このような胎教の考えが、「胎内記憶」の考えとも関わっている。すでに述べたように「胎内記憶」は胎児に積極的な働きかけを行う胎教を提唱した七田眞が先に使用しているが、「胎内記憶」を広く知らしめた池川による主張の内容はどちらかと言えば妊婦のリラックスを重視する胎教に近しい。

なぜなら、「胎内記憶」は、子ども自身による語りとして提示されながら、母親を無条件に肯定する内容のもので構成されているからである。子どもは自分を母親として選んでくれたとか、失敗しても許してくれたとかいうことが「胎内記憶」として語られることが、母親に安堵《あんど》と喜びを与えるのは疑いないだろう。何より、子どもは胎児の時点で独立した人格を持っているだけでなく、「かみさま」と相談して母親を決めるという存在として設定されているという特徴が、同質の要素として見いだされる。「スピリチュアル市場」での「胎内記憶」において主役はあくまで母親であり、胎児や「胎内記憶」を語る子どもは従属的な位置に置かれているのである。

さらに「胎内記憶」においては、胎児や生まれてくる子どもは、胎内に宿った時点で別個の人格を持つだけでなく、神秘的、超越的とも言える性質を内包した存在とされる。関係性の面では母親が主役であるが、子どもは超越的な存在として位置づけられている。さらに「胎内記憶」では、母親が生まれてくる子どもを愛することよりも、子どもから愛されることが重視されている。流産したり、子どもが障がいを持って生まれた場合でも、聖性を帯びた子ども自身が免責してくれると主張するのはそうした考えの延長にある。自身が出産した子どもでなくても、子ども自身が母親として受容してくれるという価値観もこのなかに含まれる。

妊娠・出産に不安を抱える母親たちにとって、聖性を帯びた子どもが自身を免責したり、受容してくれるというような価値観が、より深い安心感を与えるものであることは想像に難くない。なぜなら、女性が障がいのない子どもを何事もなく安全に産むことが重視される社会において、生まれてくる子ども自身が母親を免責してくれるのが「胎内記憶」の主張だからである。このことは逆に言えば、妊娠・出産をめぐって、子どもが障がいを持って生まれてきたり流産したりしてしまうことで、母親が自分自身を責めてしまう状況があることが、改めて浮き彫りになる。この点においても「胎内記憶」は、母親の努力によってこそ優れた子どもが生まれるとする、優生思想的な価値観を持つ胎教と対照的と言えるだろう。

また、虐待する家族を選ぶという主張が組み込まれているのも、同様の価値観によるものではないだろうか。ただし、この場合に免責されているのは虐待する家族だけでなく、虐待を放置してしまう社会のあり方そのものも含まれる。このように推測すると、「胎内記憶」は子どもの生育環境に対して、社会の無責任な状況すらも半ば肯定するものであると言える。それでも、虐待の連鎖といった家庭環境を危惧する母親たちにとって、同様に精神的な助けになることは想像に難くない。

他方で、「胎内記憶」の言説では、子どもの語りに神秘性を添えるため、宗教ないし宗教的なものの言葉がさまざまに援用されている。それらは、「胎内記憶」を主導する池川が自身の主張を意味づけるためというよりも、「胎内記憶」そのものの意味や価値そのものを高めるために、言葉を重ねている結果であると考えられる。書籍が出版されるにつれて、「かみさま」の存在だけでなく、仏教や神道、ニューエイジなどの知識が引用されるようになったのはそのためである。

池川は科学に基づく医療に対して距離を置いているものの、彼自身の価値観や主張を積極的に押し出しているわけではない。池川は「胎内記憶」の存在とその意味とを膨らませて、展開する役割に留まっている。このように考えると、「胎内記憶」言説を推し進めて一躍有名になった池川は、特定の宗教観を示すカリスマというよりは、社会における妊娠や出産を取り巻く状況、さらには女性の心性を読み解き、それを「胎内記憶」を経てスピリチュアリティへとなだらかに接合させる、マーケッターとしての役割を担っていると言える。著作に「スピリチュアル市場」で有名な人びとの名前が多く登場しているのも、池川のこのような特質によるものではないだろうか。

「胎内記憶」の考えを基盤に、一般社団法人日本胎内記憶教育協会などを打ち立てて、数々のスクーリングを開講したり胎内記憶教育フォーラムを開催したりしているのも、池川のマーケッターとしての性質と関連していると考えられる。さらに、池川は親としてあるべき姿勢を学ぶことで、子どもの確かな教育を目指すという保守的な家族観を押し出した、一般財団法人親学《おやがく》推進協会の特別委員にも就任している。[*10]

そして注目すべき点として、「胎内記憶」では、母親と胎児との関係が重みを増すにつれて、それに反比例するかのように父親の影が薄くなる傾向にあることが挙げられる。母親と子どもとの間に、生まれる前から濃密な関係性がすでに形成されていたのだとすれば、そこには父親の出番がないのは避けられないだろう。人間にはありえない単為生殖すらも肯定されているのは、もはや父親を必要としなくなる「胎内記憶」のありようを示していると推測される。そしてこうした特徴は、父と母の両者がそろってこそ家族は成り立つとする近代的家族観を相対化したり、あるいは最初からそうした家族観を排除するという契機を内包している。

しかしこうした内容と、池川が親学を推し進めている団体に所属していることとの矛盾も見いだされる。したがって、父親の影が薄いとか近代家族のありようが相対化されるといった事態は、「胎内記憶」言説それ自体が目指したものというよりは、現実の社会のありように起因するものと考えられる。

なぜなら、すでに触れたように、池川は妊娠や出産を取り巻く社会の状況を読み解くことに重点を置いているからである。だとすれば、「胎内記憶」が近代家族そのものを解体し、父親不在の状況を肯定する価値観を提示したのも、現代社会における女性の妊娠や出産に対する意識と密接に関わっていると推測される。その結果として、皮肉にも、「胎内記憶」が近代家族を相対化しうる価値観を内包したのではないだろうか。

ところで、「胎内記憶」だけでなく「胎教」でも、器具を使った医療の介入を極力避けた「自然なお産」が重視されているという特徴が共通して見られる。「スピリチュアル市場」での妊娠・出産について検討するには、この「自然なお産」について検討する必要がある。次章では、「スピリチュアル市場」における「自然なお産」について取り上げたい。

第四章　「自然なお産」のスピリチュアリティ

「自然なお産」とは何か

これまで見てきたように、二〇〇〇年代になってから日本社会に出現した「スピリチュアル市場」では、妊娠・出産にまつわるコンテンツが注目され、多くの書籍が刊行されている。そのなかでも広く取り上げられているトピックこそ、「自然なお産」である。「自然なお産」について医学的に明確な定義があるわけではないが、おおよそのところ医薬品や医療にできるだけ頼らずに、女性が主体的な意識を持ってお産に向き合うことを指している。また、特に経膣分娩が重視される。そして、「自然なお産」はメディアを通して、聖性を帯びた体験として意味づけられるようになった。そのため、「自然なお産」は妊娠・出産をめぐるスピリチュアリティの、いわば総仕上げとして設定されてきたのである。

　では「スピリチュアル市場」において、「自然なお産」が注目されるようになったのはなぜなのだろうか。「自然なお産」の広まりからは、女性の妊娠・出産に対するどのような意識が垣間見《かいまみ》られるのだろうか。

「自然なお産」を重視する言説は、産科医療の領域ですでに一九七〇年代から見られたことである。なぜなら欧米を中心に、「自然なお産（natural birth）」はニューエイジ運動・文化とフェミニズムとが交差した地点において盛んになったからである。ニューエイジ運動・文化の領域からは、妊娠・出産への医療の介入に対する反発が生じて「自然なお産」が興隆するようになった。フェミニズムが関係しているのは「自然なお産」が、男性中心の医療体制において妊娠・出産が組み立てられてきたことに対する異議申し立てでもあったことと関連している。それが、日本の産科医療にも影響を及ぼすようになった。

　だが書籍などを通して、「自然なお産」が日本社会に広く知られるようになったのは八〇年代に入ってからである。[*1] そして、「自然なお産」という考え方が日本で広まることで、医療による出産よりも、助産婦[*2]（産婆）の技術や産院のあり方に新たな注目が集まるようになった。結果として、伝統的な妊娠・出産の見直しが進んだのである。

　このような流れのなかで、学術的な観点からも「自然なお産」が取り上げられてきた。文化人類学者の吉村典子は『お産と出会う』（勁草書房、一九八五年）のなかで、瀬戸内海の島で行ったフィールドワークを手がかりに、地域で行われてきた出産の仕方が今日の病院とは異なることや、妊婦が主体的にそうした出産方法を選んできた歴史があったことを描き出して注目された。さらに、吉村は『子どもを産む』（岩波新書、一九九二年）のなかで、女性が主体的にお産に挑むことの重要性を説きつつ、良いお産をするための助産院選びや注意するポイントなどを紹介している。

　また、助産婦に注目した議論も多く見られる。第一章でも触れたように、社会学者の大林道子は『助産婦の戦後』で、終戦後にＧＨＱの主導のもとに出産の病院化が急速に広がるなかで、助産婦らが自らの専門性を主張することで出産のあり方に影響を与えたことを明らかにしている。そして、助産婦は妊娠・出産だけでなく、女性の生き方そのものに深く関わることで、フェミニズムの影響も見いだされる職能集団として取り上げられているのである。

　このように、学術的研究でも「自然なお産」は肯定的に取り上げられてきた。しかし、

「自然なお産」がメディアを通して広まるなかで、妊娠や出産の神秘的な側面が強調されるようになったことや、ニューエイジ運動・文化との接点が正面から取り上げられることはこれまでなかった。その影響もあってか、「スピリチュアル市場」によって「自然なお産」に対して特別な意味づけがなされるようになったことや、さらに新たな展開が見られることも検討されてこなかったのである。

しかし二〇〇〇年代の「自然なお産」を扱った書籍の出版動向からは、「自然なお産」に対してスピリチュアリティが色濃く影を落としていることが読み取られる。[*3] さらに、「自然なお産」に関する書籍は八〇年代から出版されてきたが、二〇〇〇年代に入ってその冊数が倍増していることも見逃すことはできない。それに、八〇年代、九〇年代に出版された書籍は比較的一冊のボリュームが大きく、「自然なお産」に込められた価値観や主張が盛られていたのに対し、二〇〇〇年代以降の書籍では手軽に読めるものや、「自然なお産」を成功させるための実践的な内容のものが増えたという特徴が見いだされる。こうしたことから、「自然なお産」への関心が広く社会に浸透したことがうかがわれる。

ところで、「自然なお産」に関する書籍は産婦人科医や助産婦によるものがほとんどで、女性の書き手が比較的多いという傾向にあるが、それは二〇〇〇年代に入っても同様である。また、欧米からの翻訳書が含まれていることも特徴として挙げられる。述べたように、もともと「自然なお産」が注目されるようになったのは欧米からの影響が強く、そうした動向が現在も続いていることがうかがわれる。

以上の点を踏まえ、「自然なお産」に関連する書籍を、ここでは四つに分けて整理したい。まず、「自然なお産」の興隆は海外からの影響が見られるため、二〇〇〇年に入っても関連する翻訳書が出版されている。そこで、「自然なお産」についての翻訳書を取り上げたい。次に、日本国内で「スピリチュアル市場」との結びつきを示す「自然なお産」の書籍について検討する。その上で、日本社会において「自然なお産」そのものをリードしてきた産婦人科医の吉村正と、ホメオパシーを使った「自然なお産」を広めてきた由《ゆ》井《い》寅《とら》子《こ》による著作をそれぞれ取り上げる。

海外における「自然なお産」

すでに触れたように、二〇〇〇年代に出版された「自然なお産」に関する書籍には、海外からの翻訳書も含まれている。ここでは、二〇〇〇年代に出版された四冊の翻訳書のなかから、日本でも人気のアイナ・メイ・ガスキンによる著作を紹介したい。

ガスキンはテネシー州で「ザ・ファーム・ミッドワイフリー・センター」という産院を経営している助産婦で、*Spiritual Midwifery*（Book Publishing Company, 1975）をはじめ数多くの著作を執筆してきた。来日講演も行われていて、後で取り上げる吉村正医師の経営する吉村病院でワークショップも行っている。『アイナ・メイの自然出産ガイド――こころ・からだ・産科学を活《い》かす知恵』（メディカ出版）は二〇〇三年に出版された著作をもとに、「バースコーディネーター」を名乗る大葉ナナコと助産婦の福永マキらによって二〇〇九年に翻訳されて日本で出版された。この著作では、アメリカにおける「自然なお産」の理念や具体的な方法について、ガスキンの主張が詳しく展開されている。

ガスキンは医療が強く介入せず、薬や器具を使うことのない「自然なお産」によってこそ、痛みの少ない分娩が行えると主張する。その理由として、心と体はつながっており、女性の体は出産時に痛みを和らげるホルモンが分泌されるようになっていること、それが助産婦の励ましによって促進されることを挙げている。

さらに、「自然なお産」は至高のオルガズムを感じる体験であると述べられている。ただし、それは性的なオルガズムであるだけでなく、神秘的な体験であることが強調されている。その具体的な例として次のような体験談が、微笑《ほほえ》みながら出産している女性たちの写真を添えて紹介されている。

ラッシュ（陣痛）に合わせていきんだり、合間でリラックスしたりするのがすごく官能的で、オルガズムよりも高く登りつめる感じ。だって、オルガズムはどちらかというと自己満足で、すぐに終わってしまうでしょう。出産はもっとスピリチュアルな経験だし、超自然的なものなの。神のもと、皆の中にある神聖なものが見えてきて、性的部分はどうでもよくなるのよ。

「自然なお産」にはまた、パートナーとの関係も大きく影響するとされている。なぜなら、「自然なお産」は性的刺激とも不可分なものであるからで、出産の最中にパートナーが妊婦に性的な刺激を与えることで出産がスムーズに行われやすくなるとも述べている。

ただし、「自然なお産」を成功させるのは特別の手立てをしなくても可能というわけではなく、事前の準備が必要とされる。その一つがヨガによる呼吸法を習得することで、膣や子宮頸部《けいぶ》、肛門などの、出産に重要な筋肉である括約筋を弛緩《しかん》させる方法を身につけることである。

さらに、ヨガの呼吸法で括約筋を鍛えると「自然なお産」がしやすくなるだけでなく、会陰切開を行わずに出産することが可能になるとしている。会陰切開とは出産の際に裂傷を予防したり、子どもを取り上げやすくしたりするために、あらかじめ会陰を切開しておく方法のことを指す。病院でのお産では一般的に行われる方法だが、「自然なお産」を重視する立場からは特に非難されてきた。ガスキンによれば、ヨガの呼吸法を行うと子宮口が開くので、会陰切開の必要がなくなるというわけである。他にも、食生活の改善や、ホメオパシーをはじめとする代替療法で産前・産後のケアをする方法などが紹介されている。

同書は産科医療で用いられるさまざまな方法について、それが妊婦に過干渉であり不要なだけでなく、時に妊婦や胎児に悪影響を及ぼす有害なものとして厳しく批判している。具体的には、超音波検診や絨毛膜《じゅうもうまく》検査などの妊婦検診、人工破膜や薬剤を使用した誘発分娩、剃毛《ていもう》や浣腸《かんちょう》などの分娩の準備、そして救急時以外での帝王切開などが挙げられている。こうした医療批判の根底には、医学が「男性中心思考から発生したケア」であり、「産業革命の産物」だとするガスキンの価値観がある。さらに、男性中心の医療では、心と体が切り離されてとらえられて、「出産で主役を演じるはずの女性は、受け身であるばかりかほとんど無気力なオブジェのような存在」であり「女性たちは均一に扱われ、その個別性は重要視され」ないとガスキンは批判する。

その上で、「自然なお産」は医療の管理下においてではなく、女性が自らの主体的な意志に基づいて行うものであること、それがどんな形のお産よりも安全だとするのがガスキンの主張である。そして「自然なお産」は、これまで整理してきたように子どもを分娩する体験そのものが神聖な意味を持つという価値観に接続している。こうした価値観には、男性中心の現代医療に対する批判が一貫して見いだされることも重要な点である。この点でガスキンの主張は、フェミニズム的な価値観を内包していることがうかがわれる。

もっとも、ガスキンの主張は目新しいものではなく、欧米においては七〇年代後半から主張されてきた。そのなかでは、フェミニズムと「自然なお産」を接続するだけでなく、時にフェミニズムに対する批判も展開されてきたのである。他方で、すでに述べたように欧米における「自然なお産」のありようは日本にも紹介されて、広まりを見せた。それが、「スピリチュアル市場」の興隆とともに、再び顕在化したと言える。こうした流れを踏まえて、日本での「自然なお産」について取り上げる。

日本における「自然なお産」

二〇〇〇年代に出版された「自然なお産」に関する書籍のなかで典型的なのは、妊娠中の過ごし方や食事を改善したりすることで、「自然なお産」に向けて体を整える方法を取り上げたものである。周産期に胎児はどのようになっているか、ちょっとしたトラブルがあった場合にはどのように対処したらよいか、産後は子どもとどう過ごしたらよいかなどの内容も紹介されている。そしてこのようにもろもろのトピックが取り上げられながら、「自然なお産」は女性が自分の内面に変化をもたらす重要な契機として強調されているのである。

先に紹介したガスキンの著作の訳者の一人、大葉ナナコが二〇〇七年に出した『体と心にやさしいナチュラルなお産』（アスペクト）は、そうした書籍の典型と言えるだろう。大葉は同書の冒頭で「自然なお産」とは体の力を使い切り、「また産みたい」と思わせる素晴らしい体験だと述べている。そして、女性の体は出産の際には痛みを緩和するホルモンが分泌されたり、産道が開いて子どもが出てきやすくなったりするようにつくられているので「自然なお産」は特別なものではないとしている。このような大葉の考えは、ガスキンの影響が見て取れるものとなっており、実際、大葉の著作ではガスキンの思想やザ・ファームで大葉が学んだ体験が紹介されている。

さらに同書で大葉は、「私らしいお産計画をたてよう!」という題で、「自然なお産」を実行するためには産院選びが最も重要だという持論を展開している。ただし、適切な産院を選んだからといって助産婦任せにするのではなく「自分が産むんだ」という主体性が必要であり、事前学習をしたりすることが「自然なお産」のためには欠かせないと大葉は説いている。

ところで、この著作では、パートナーとしての男性との接し方についてもページが割かれている。大葉は、男性には育児や家事への参加の仕方がわからない人が多いと述べて、男性に育児参加を頼みたいと思うなら次のようにするとよいという。

自然体で妊娠や出産、子育てをしている女性たちに共通しているのが、実にお願い上手だということ。男性たちの脳のしくみは目的達成志向。F1やK1のように、目的のためにガンガン進むのは得意ですから、「これをしてほしい」とオーダーがあると行動しやすいのです。(略)自分がそうするだけで、相手をこんなに喜ばせることができるのか、というのがわかるだけで、男性のアクションプランは増えます。〝お願い〟を冠言葉に、〝うれしい、助かる、幸せ〟を結びの言葉にして、お願いされ好きな男性心をくすぐってください。

さらに、出産後は女性にとって、育児の状況や健康状態に合わせて、転職したり新たな人生プランを練ったりする機会でもあると大葉は述べている。

日本における「自然なお産」を取り上げた書籍のなかには、今日の「スピリチュアル市場」に強く影響を受けたものも見いだされる。その例として、助産院バースハーモニーを経営している助産婦の齊藤純子が二〇一四年に出版した『まってるね赤ちゃん――しあわせなお産自然出産を超えて自然誕生へ』（マガジンランド）が挙げられる。齊藤は自身が助産婦として働いていた経験から、会陰切開を避けるために助産婦による分娩に辿《たど》り着いた経緯を紹介している。また、齊藤は四人の子どもをそれぞれ助産院、自宅出産、そして水中出産で産んでいて、「お産のオタク」と自称している。

さらに同書では、出産とは「神様の世界とつながっている」ことで子どもが自分を選んで生まれてくることだという主張が展開されているが、このような考えには産婦人科医の池川明による「胎内記憶」の影響がうかがわれる。他に産前の準備として、胎内にいる子どもの意思を読み取るための「リーディング」や、頭蓋仙骨療法[*4]（クラニオセイクラル・セラピー）、マクロビオティックなどが取り上げられている。珍しいところでは、深い呼吸によって催眠状態に入り出産に挑むという、ヒプノバーシングが紹介されている。

ところで、同書の大きな特徴の一つは、出産体験や生まれてきた子どもを神聖視する表現が随所に見られることである。例えば水中出産で四男（純君）を産んだ経験について、以下のように表現している。

とても不思議だったのは、生まれたばかりの純を隣に置いてもらっていましたが、触れることができなかったのです。赤ちゃんが神々しすぎて、自分の手が触れることで穢《けが》れてしまうような気がしたからです。それほどまでに神々しく崇高な存在。神様が降りてきたとしか思えない、おいそれとは触れない存在。四人目にして初めて体験した感覚です。

さらに齊藤は、助産婦として破水が起こったのに陣痛が来ない妊婦のお産に立ち会った際、対話師（胎話士）を介してお産を成功に導いたという神秘的な体験についても綴っている。[*5]対話師とは胎内にいる子どもの意識をくみ取ることができるセラピストとして、「胎内記憶」の人気で一躍注目された。齊藤によると、出産の際に胎内にいる子どもが羊水が減って苦しんでおり、対話師を通して「自然の知恵があるはず！」と訴えてきたので、羊水を増やすためには子どもが胎内でおしっこをすればいいというアイディアを口にしたところ陣痛が始まり、妊婦は病院に搬送されることなく「自然なお産」で子どもを産めたと述べている。こうした体験について綴った上で、齊藤は出産のスピリチュアリティについて以下のように述べている。

こうしたスピリチュアルなことに対して、私のなかでは様々な体験を通して確信はありました。でも、誹謗《ひぼう》中傷を受けるのも嫌だし、わかる人にだけ伝わっていけばいいかなと思って、あえて言葉にはしてきませんでした。でも、もういいのではないかと思います。赤ちゃんが誕生するというのはそれほど神秘的で奇跡的なことですし、もう、それを受け入れることのできる「時」が来ているのではないかと思っています。

齊藤はさらに「自然なお産」を神秘的な体験であるというだけでなく、女性自身を美しくさせる体験としてもとらえている。なぜなら、出産とその後のケアとは、女性が内面と向き合い「自分のメンタルの苦手な部分と得意な部分というのを、自分で意識できるように」なる営みであり、それによって女性が前向きに考えられるようになるととらえているからである。母乳の出をよくする食事に気を配ったり、産後ケアの運動をしたりすることで、肌が綺麗になったりスタイルが良くなったりすることにも意義を見いだしている。

このように、日本で出版された「自然なお産」に関する書籍では、出産に前向きに臨むことで神秘的な体験が得られることが強調されている。そして「自然なお産」が、女性が母親としての意識を高めるだけでなく、「女性らしさ」を磨くものとしても設定されているのである。さらに、「自然なお産」を成功させるために、「スピリチュアル市場」で人気のコンテンツが多角的に取り入れられていることも特徴として挙げられる。

他方で、「自然なお産」に関する書籍のなかには、自身の価値観や社会観などを織り交ぜて、強い主張を押し出した内容のものも見いだされる。特に、日本の「自然なお産」をリードしてきた産婦人科医の吉村正の主張は、お産のあり方そのものにも影響を与えてきた。次に、吉村の書籍を紹介したい。

吉村正と「自然なお産」

すでに述べたように、日本において「自然なお産」は八〇年代以来取り上げられてきたが、二〇〇〇年代に入ってそれが新たに注目されるようになった。その時代的な変化のなかで独特の「自然なお産」を打ち立てたのが、産婦人科医の吉村正である。吉村は日本における「自然なお産」の、いわばパイオニアと言えるだろう。

吉村は、父親の診療所を引きつぎ、一九七二年に産婦人科である吉村病院を開院した（二〇〇〇年に「吉村医院」に改名）。やがて吉村は医療器具にほとんど頼らない出産を目指すようになる。同時に、八〇年代以降から「自然なお産」の重要性を主張して、助産に関する論文やエッセイ、手記を「助産婦雑誌」などに発表してきた。そんな吉村が近年大きな注目を集めたのは、河瀬《かわせ》直美が監督した映画「玄牝《げんぴん》」が二〇一〇年に公開されたことがきっかけである。「玄牝」は、吉村医院で「自然なお産」に挑む女性たちを記録したドキュメンタリー映画として話題を呼んだ。「自然なお産」が「スピリチュアル市場」で注目されるようになったのも、この映画が影響している。

吉村の考える「自然なお産」の特徴は、二〇一一年に出版した『産む力を高める幸せな自然出産のすすめ』（家の光協会）からうかがうことができる。ここでも、「自然なお産」とは医療器具や医薬品に頼らず、妊婦が自分の力で主体的に産むことだと主張されている。実際に、吉村医院では畳敷きの床の上で妊婦が出産しやすい体勢を取ることができ、吉村医師はそれを見守りながら、助産婦たちの指揮を執る役目を担うという方式を採っている。

　この「自然なお産」を成功させるために、吉村医院は独自のプログラムを用意している。例えば「古屋」と呼ぶ古民家を改装した建物で、妊婦は体操をしたり森のなかを散歩したりするプログラムを受けることができる。特に有名なのは薪《まき》割《わ》り体験で、斧《おの》で薪を割る動作が「自然なお産」を行うための体作りに有効だとして推奨されている。その薪は竈《かまど》で煮炊きするために使われるが、こうして用意される食事は肉や乳製品、卵などを使わない和食が中心で、「古屋」で提供される。また、自宅でもそうした食事を摂ることが推奨されている。

　ただし、吉村の主張する「自然なお産」は、単に医療に頼らないお産であることだけを目指すものではない。優しさや穏やかさ、そして美しさといった「女性らしさ」を獲得し、母親として目覚める過程として「自然なお産」の価値が強調されていることに特徴がある。なぜなら、吉村にとってお産とは「人間に残されている最後の自然な行為」であり、「女性のからだに備わった、原初的・本質的な神秘の力」を引き出す行為だからである。その意味で「自然なお産」とは、吉村によれば「女性としての本質的な〝性〟を開花する」重要な機会となるのである。

このように、吉村は「自然なお産」をめぐって女性の聖性を強く押し出している。例えば、「命を産み育てる女性は神に近い存在」と題して、以下のように主張しているのは、吉村のこうした特徴をよく表していると言える。

女性のからだは、赤ちゃんを安全に産みだすための力を元来もっています。逆子や双子といった少々の困難があっても、たとえ何日もかかることがあっても、心身が女性としてきちんと整っていれば、ほとんどの場合は、乗りこえられる力をもっています。これは、神から女性に与えられたすばらしい力のひとつです。また同時に、命をつなぐ性である女性の神秘なのです。

そして、吉村のこのような女性賛美は、保守的な女性観へとつらなっている。吉村は同書で、男女平等社会は女性が男性社会に組み込まれることなので否定されるべきだとか、妊娠したら仕事は辞めて、出産後は育児や家事に専念すべきだという考えを表明している。さらには、自身の女性としての性的な魅力を、夫にアピールすることの重要性をも説いている。

他方で男性についても言及しているが、それは女性を大切にすることを指南するに留まる。二〇〇六年に出版した『しあわせなお産をしよう――自然出産のすすめ』(春秋社)では、「男は女に奉仕せよ」という題で、出産の際にはあまり男性は役に立たないとした上で、だからこそ家庭を守るという意識のもとに男性が外で働くことが必要なのだと吉村は述べている。そして、このような男女の関係性を重視することがなくなり、「スピリチュアルなものが失われてしまって」から世の中が悪くなったと述べている。吉村にとって「スピリチュアル」とは、子どもを産む女性と、外で働く男性の精神的な関係を指すことがうかがわれる。

さらに吉村による「自然なお産」は、健康で丈夫な子どもを産むことも目的として設定されていることが注目される。吉村は、薬や医療器具に頼らずに産まれた子どもは元気に育っていくと主張する。この主張には、お産が母体にとっても、また子どもにとっても「命がけ」であるべきだという信念が込められている。

吉村のこうした考えは、産婦人科医の大野明子が二〇〇九年に出版した対談集『お産と生きる——なぜ、自然なお産か　産科医からのメッセージ』（メディカ出版）ではっきりと示されている。対談のなかで吉村は、死ぬことや死なせることを恐れないお産の重要性を強調した上で、「自然なお産」はそうした「自然」を実現することを理想とするものだとしている。また、動物が子どもを死なせたり、自身が死んだりすることを恐れたりせず向き合っていることを理想として語っている。そして、「周産期死亡を減らそうと思うこと自体が、神に対する反逆です」と吉村は断言する。

こうした吉村の主張は、文明化した社会に対する批判的な価値観に基づいている。「自然なお産」を通して動物として子どもを生み育てる女性を増やすことが、文明化した社会に対抗する道だとも述べている。

以上のように吉村においては、「自然なお産」は母親になるためだけでなく、女性の持つ「女性らしさ」を引き出すためにも意義のあることとしてとらえられている。そして、「女性らしさ」を育むお産が、聖性を帯びた体験として強調されているが、それは、安全に子どもを産むことではなく、死をも恐れない姿勢でお産に臨むこととしても位置づけられているのである。

だが、こうした「自然なお産」のあり方は吉村の主張だけに見られることではない。それは、「自然なお産」と密接に関係している、代替療法の一つであるホメオパシーにも見られることである。

「自然なお産」と日本のホメオパシー

ホメオパシーとはドイツのハーネマンが一八世紀に開発した治療法で、ある種の病気や症状を引き起こす可能性を持った物質を用いれば、その病気ないし症状を治すことができるとする同種療法の考えに基づいている。具体的には、病気の症状と似た症状を引き起こす植物や鉱物を水に入れて、その「波動」を水に転写したレメディと呼ばれる「治療薬」を使用する。それは、あくまで「波動」を転写したものであり、もともとの成分は何も含まれていない。現代医学においてホメオパシーの治療効果は否定されているものの、長い歴史を経るなかで世界中に波及してさまざまな国で独自に発展してきた。現在でも、欧米を中心に広く支持を受けている。

日本では助産婦の間でホメオパシーを支持する意見が見られるが、その背景には医療によるお産への過干渉に対する批判という側面だけでなく、助産婦が使用できる薬品や医療品が限られているという事情がある。また、ホメオパシーは副作用がないために、薬による胎児への影響について敏感になる妊婦にとって、魅力的な選択肢に見えることも挙げられる。

ところで、日本におけるホメオパシーの広がりに大きな役割を果たしたのは、由井寅子である。由井は日本におけるホメオパシーの普及に努め、日本ホメオパシー医学協会（JPHMA）を立ち上げたり、ホメオパシーを処方する認定ホメオパスの資格制度を創設したりしてきた。

さらに、由井はイギリスで学んだホメオパシーに独自の価値観や宗教観を付け加えることで、固有のホメオパシーを提供してきた。「禅」の思想だとか、独自のナショナリズムに基づく価値観をホメオパシーにも取り入れている。それだけでなく、レメディなどを販売するホメオパシージャパンを開設したり、「癒しフェア」の講演に関わったりするなど、「スピリチュアル市場」の形成にも大きな影響を与えてきた。

日本ホメオパシー医学協会が社会から注目を浴びるきっかけとなったのが、山口で起こった新生児死亡事件である。通常、生後まもない新生児には脳出血などを予防するため、ビタミンKのシロップを投与する必要がある。しかし、ホメオパシーで用いられるレメディにはビタミンKの代わりになるとされるものがあり、それを投与された新生児が脳出血で死亡したのがこの事件である。二〇〇九年一〇月に起きた事件はその後、遺族が助産婦を訴えたことで朝日新聞を中心にメディアでも取り上げられた。そして、ホメオパシー医学協会が社会から批判されると、ホメオパシーだけでなく、「自然なお産」そのものにも厳しい目が向けられるようになったのである。

では、そもそも由井の考える「自然なお産」とはどのようなものだったのだろうか。ここでは、由井寅子が二〇〇七年に出版した『ホメオパシー的妊娠と出産――自然出産をサポートする36レメディー』（ホメオパシー出版）を取り上げたい。この著作は、「由井寅子のホメオパシーガイドブック」シリーズの第二巻であり、出産を控えた妊婦だけでなく助産婦にも向けた内容となっている。

同書の冒頭では、由井の考える「自然なお産」のあり方が示されている。由井のいう「自然なお産」とは、現代医療の介入を避けるためにレメディを使うことで、女性が自力で子どもを産むことを指す。由井が推奨するホメオパシーの特徴は、レメディが「マヤズム」に働きかけて効果を発揮するという考えである。「マヤズム」とは心の弱さや愛情の不足で傷ついた経験や思いだけでなく、先祖からの因縁などが「魂」に堆積して悪い影響を及ぼすことをいう。また、由井は「マヤズム」は受精卵の時点で母親から子どもに伝わり、それが子どもの健康に大きく影響すると考えている。だから、母親や胎児の「魂」に蓄積した「マヤズム」をレメディによって排出すると、症状が根本から「治療」されて「自然なお産」が導かれると主張している。

さらに難産の時や陣痛促進剤、卵子誘発剤、さらにはビタミンKと同じ効果を発揮するのに有効なレメディもあり、医療の介入が必要ないと由井は述べている。他にも、鉗子《かんし》を使って出産したり、体外受精などを経て出産した子どもを「治療」して、「自然」に引き戻すレメディや、母乳を出しやすくするためのレメディなども紹介している。いずれにせよ、医療が介入するお産は良いお産ではなく、医療を排した「自然なお産」の重要性が繰り返し説かれているのである。

ホメオパシーによるレメディは通常、ホメオパシストによって症状に合わせたものが選ばれて勧められる。だがホメオパシージャパンにおいて選ばれるレメディは、由井独自の価値観や指示によるところが大きい。

妊娠・出産に使用されるレメディの特徴的な点として、母親として愛情を持ち強く生きることが大きな目的とされていることが挙げられる。同書で紹介されている妊娠や出産に関わるレメディの数々について、悲しみや苦しみを乗り越えて母親として強く生きることや、子どもを産み育てることを最終的な目的とするのに効果があると主張されているのは、このことを示すものに他ならない。また、子どもを死産した母親を落ち着かせるレメディや、過去に子どもを中絶した経験がある女性のためのレメディが紹介されているのも、同じ価値観に立脚している。したがって、ここでいう強い母親とは、子どもの死をも乗り越えられる内面性を備えた母親のことを指している。そして同書では、現代医療が介入するお産だけでなく、未熟児として生まれた子どもが現代医療によって命を長らえることも批判する。なぜなら由井にとっての「自然なお産」とは、健康な子どもとそうではない子どもとが、いわば峻《しゅん》別《べつ》される機会だからである。

厳しい言い方かもしれませんが、自然の淘汰《とうた》は自然の摂理です。弱い体で生まれてきたその子が一番気の毒です。（略）生まれながらに病人のような状態では、その子は自分のテーマを生きられない。これは、その子にとって本当に不幸な情けないことです。ですから、魂の目的がまっとうできないほど、魂の乗り舟である体が弱いのであれば、流れてしまっても仕方がない。生まれたその子が一番不幸なのですから。

そして由井は、生まれた子どもを必死で育てることについて「マザーリング（母になること）は人生の修行」であるとも説いている。由井が著作のなかで、時に母親の不安を突き放すような発言をするのも、不安を乗り越え精神力を鍛えることが母親になるために必要だと考えているからだと思われる。

さらに、由井が主張する母になることとは、父親の役割をも凌駕《りようが》する存在になることを意味することがわかる。由井がシングルマザーとして二人の子どもを育てる過程で、父親の役割を担う努力を重ねてきた経験を語っていることからも、それがうかがわれる。そして自らの経験に基づき、強い母として「自然なお産」に挑むためには、現代医療に頼らずホメオパシーを積極的に取り入れたり、認定ホメオパスがいる助産院を選んだりする必要があることが説かれている。そこで助産婦は、女性を強い母親として導く存在としての役割が強調されているのである。

このように、日本でホメオパシーが「自然なお産」に接近したのは、ホメオパシーが妊娠中に使う薬の代わりになると考えられたからだけではない。妊娠・出産を通して強い母親になること、それが時に子どもの死を乗り越える心構えを身につける道になることが、ホメオパシーによって提示されたからでもある。すでに見たように、この考えの根底には、体の弱い子どもは「自然淘汰」されるべきだという、差別的とも言える価値観が含まれていることにも注目したい。

「スピリチュアル市場」と「自然なお産」

ここまで、二〇〇〇年代初頭における「自然なお産」についての言説を概観してきた。明らかになったことを精査しつつ、「スピリチュアル市場」との関連に焦点を当てて改めて整理すれば、どのような情景が浮かび上がるだろうか。

言説空間における「自然なお産」の特徴をより明確にとらえるため、まずは海外での言説と、日本における言説との共通点と相違点を整理してみよう。「自然なお産」が医療の介入を避けて、女性が主体的に出産に臨むことを重視する点は、両者で一致している。また、出産の過程に聖性が与えられていて、そのためには、体操や呼吸法、食事の改善、代替療法などを取り入れて生活を改善し、体を整えるといった方法が必要とされているのも共通している。

他方で、いくつかの違いも指摘される。まず、妊娠や出産においてどの側面に聖性を見いだすのかについて隔たりがある。海外の場合、医療が介入する分娩よりも楽に行えるだけでなく、分娩の体験そのものが神秘的な体験であることが強調されている。それに対して、日本の言説は、胎児の存在や生まれてくる子どもに聖性を見いだす傾向が強い。お産の現場で「胎内記憶」が重要な意味を帯びるのも、このことと関係していると考えられる。

また、分娩時における困難や痛みも乗り越えて、「自然なお産」に挑むことの重要性が強調されているのも、日本における言説の特徴として挙げられる。この点は、「自然なお産」は医療に基づく出産よりも痛みが少なく、時に性的な体験と同じ快感を得ることができるとする海外における「自然なお産」と対照的である。そして、痛みや困難を経て「自然なお産」を体験することが、美しさや優しさを備えた母親となるには重要であり、それによってより「女性らしく」なるとされているのも特徴として挙げられる。

さらに注目されるのが、男性の位置づけの違いである。海外における言説では、男性はお産に介入する医療を象徴する存在であり、男性中心の医療が「自然なお産」を妨げていると主張される。ここには、フェミニズム的な観点からの医療批判が垣間見られる。それに対して、日本における言説には、男性中心の医療に対する批判はあまり強調されない。

また、海外では分娩の体験とセックスとが同列に論じられて、分娩をスムーズに行うのに欠かせないパートナーとして男性が位置づけられることもある。しかし、日本の書籍では男性は分娩や育児における補助としてのみ登場するにすぎない。つまり、男性は妊娠・出産においてあくまで補助的、脇役的な位置に置かれている。妊娠・出産やさらには育児において、男性に手助けを依頼する方法までもが取り上げられているのは、このことをよく物語るものと言えよう。

妊娠・出産する女性を賛美する一方で、男性はそこに関わることができないとする意見が表明されているのも、こうした価値観を強調している。そうすることで、妊娠・出産の担い手たる女性の存在を聖性視し、男性にとって不可侵の存在として設定している。しかしこのことは逆に言えば、日本での言説では、妊娠・出産において男性は何ら責任を負うことがなく、最初から免責された存在として見なされているということを指す。そのため、女性の側からはほとんど何の役割も与えられていないし、さらに期待もされていない。こうした状況が男性の産婦人科医によってより強調されているのも、興味深い点だと言えるだろう。

そして、母となることを重視し、母となる過程として「自然なお産」の意味を強調したのが、吉村正と由井寅子であった。この二人は、妊娠・出産は命がけの行為であり、母体はもちろん、生まれてくる子どもも死ぬ可能性があることを否定してはならないと主張する点で共通している。言い換えれば、二人にとって「自然なお産」はすべての母親と子どもにとって好ましいことであるとは限らず、弱い母体や子どもが「自然」によって「淘汰」される機会でさえある。このような考えに、優生思想的な要素を見いだすのはたやすいことであろう。

こうした過激ともいうべき発想は、この二人が女性や母親という存在を過度に聖なる存在として位置づけていることと連関している。吉村は、妊娠・出産する女性に聖性があることを強調しているが、そうした見方には、吉村自身が男性であることや、妊娠・出産に男性が深く関与することはできないとする考えが深く関わっている。こうした吉村の主張には、現代医療への批判だけでなく広く文明に対する批判が秘められている。しかし、女性に聖性を見いだす吉村の価値観は、男性は外に出て働き、女性は家庭を守って産み育てるべきだという、旧態依然たる性別分業の思想と一体である。

由井もまた、母親としての女性を聖性視する点では吉村と共通している。しかし、由井が理想とするのは吉村が掲げるような男性に従属する存在というよりも、父親の役割も兼ね備えることで、父親を必要としなくなる「強い母親」である。由井がホメオパシーを推奨するのはそれが単に理想像としての母親に近づくためではなく、理想像に近づくための努力とその過程が、勇気や決断力を女性にもたらすと考えられているからである。由井が、中絶や流産をも乗り越えるべき試練としてとらえ、そうした努力を怠れば、「魂」に堆積する「マヤズム」によって事態が悪化することを強調するのも、こうした「強い母親」の理想像に近づくことを重視しているからに他ならない。

こうして、「自然なお産」を主張する言説は、医療が介入する出産のあり方に対して批判的だという点で共通しているものの、それ以外の点ではいくつかの異なった立場に区別されることがわかる。海外では「自然なお産」が安心、安全で、かつ神秘的な体験とされているのとは対照的に、日本では「自然なお産」とは痛みや苦しみを乗り越えて「母親らしさ」「女性らしさ」をつかみ取ることに貢献すると考えられているからである。さらに、こうした女性賛美に裏打ちされた保守的な女性観は、伝統的な日本の生活の見直しや、さらにはナショナリズムにつながっていることも注目される。

だがそれ以上に問題なのは、日本における「自然なお産」の言説には、生命の選別を許容する優生思想的な傾向が見られることである。そうした傾向は、妊娠・出産する女性の身体性や母親となることを、ことさらに賛美したり聖性を付与する度合いが強いほど顕著である。産婦人科医や助産婦が「自然なお産」を支持するのは、こうした母親像を女性に示すことが女性たちへの啓蒙を志向することにつながることと無関係とはいえない。しかし、第三者が、妊娠・出産に介入することは私的な領域に踏み込む行為であり、それが妊婦の安全性を時に揺るがしかねない危うさを含んでいることを考慮すれば、「自然なお産」の促進は決して軽視できないことである。

同時に、この背景には現在の産科医療が男性中心であることに起因する問題がある。なぜなら、医療によるお産のあり方に対する実際的な不満が、「自然なお産」に注目する女性の増大をもたらした一因であることは否定できないからである。このように考えると、「自然なお産」における「自然」とは、医療が内包するイデオロギーへの対抗として培われてきた概念と言えるだろう。

ただし、こうした観点からの医療批判において、日本ではフェミニズムが捨象されているのも興味深い特徴と言える。当然のことながら、フェミニズムの捨象は女性に対する過剰な賛美と表裏一体の関係にある。だとしたら、「自然なお産」と医療が介入する出産とは、相俟《あいま》って発展してきたととらえることができる。そのなかで、「スピリチュアル市場」の興隆に伴い、再び「自然なお産」が社会に顕在化したというのが実情だろう。そして、医療と「自然なお産」との狭間《はざま》で妊婦たちはさまざまな問題に直面し、時にリスクを抱えさせられているといえるのではないだろうか。

第五章　女性・「自然」・フェミニズム

スピリチュアリティとフェミニズム

これまで取り上げてきた事象から見えてきたのは、妊娠・出産のスピリチュアリティを通して、女性の身体性そのものに一定の価値づけがなされているということである。その価値づけにおいて、「自然」という言葉が持ち出されるのが、こうした言説の特徴と言えよう。

他方で、妊娠・出産のスピリチュアリティをめぐる言説ではフェミニズムが遠景に置かれたり、あるいは捨象されたりしている。第一章で触れたように、かつて不可分の関係にあった妊娠・出産と宗教や宗教的なものは、フェミニズムに影響を受けたリプロダクティブ・ヘルス&ライツを経て、それぞれに距離を置き独立したものとなった。妊娠・出産はいわば世俗化してきたのである。しかし、「スピリチュアル市場」の出現に見られるように、妊娠・出産とスピリチュアリティが再び接近するようになったのが今日の状況である。

単純に考えれば、妊娠・出産とスピリチュアリティの親和性が高くなるにつれて、世俗化を促すフェミニズムがそこから排除されるのは自明だと言えるかもしれない。しかし、なぜ、そしてどのようにフェミニズムとの距離化が促されてきたのかについては、一度立ち止まって精査しておく必要があるのではないだろうか。なぜなら、フェミニズムとスピリチュアリティは必ずしも相反する関係にあるわけではなく、実際欧米では両者が融合している場合もあるからである。[*1] 例えば第二章で取り上げた「子宮系」に類するものは欧米にもあるが、スピリチュアリティと同時にフェミニズムの一つとしても受け取られている。しかし、日本社会におけるスピリチュアリティは、保守的な「女性らしさ」を称揚して、フェミニズム的な価値観を忌避する傾向が強い。

では、日本社会においては、妊娠・出産をめぐるスピリチュアリティからフェミニズムが排除されるのはなぜなのだろうか。この点について「自然」の意味に注目しつつ検討してみよう。

その手がかりとして、疫学者である三砂《みさご》ちづると、評論家の青木やよひによる議論を取り上げたい。なぜなら両者は妊娠・出産と「自然」、それにフェミニズムとの関係に注目して論じてきたからである。三砂の議論を取り上げるのは、彼女が今日の「スピリチュアル市場」で妊娠・出産する女性の身体性と「自然」とを結びつけて称揚しながらも、フェミニズムに対して批判的な立場を取っているからである。この見解を示した『オニババ化する女性たち――女性の身体性を取り戻す』（光文社新書、二〇〇四年）はベストセラーとなり、社会的にも広く反響を呼んだ。「スピリチュアル市場」における妊娠・出産言説を取り上げた書籍のなかに、三砂の影響が見られるものが少なくない。

だが、現代日本社会において、妊娠・出産する身体性を「自然」と結びつけて聖性を強調する価値観は、三砂が初めて示したわけではない。同様の言説はすでに八〇年代から見られたもので、その中心的な論者として評論家の青木やよひが挙げられる。青木は、エコロジーの観点から女性の身体性と「自然」の結びつきに聖性を見いだす主張を展開しているが、そうした言説には当時のニューエイジ運動・文化の影響が見られる。ただし青木はこうした主張を、フェミニズムの枠組みで展開してきたという特徴がある。

したがって、三砂と青木の議論を比較して検討することは、妊娠・出産する女性の身体性と「自然」の結びつきを分析する手がかりになるだけでなく、フェミニズムとの関係について目を向けることを可能にする。そのなかで、妊娠・出産をめぐるスピリチュアリティと「スピリチュアル市場」との親和性についても考察を進めていきたい。

ところで、フェミニズムに批判的な三砂だけでなく、フェミニズムに立脚して議論を展開してきた青木やよひに対しても、フェミニズムの観点から批判が向けられてきたことが、妊娠・出産とフェミニズムについての議論をより複雑なものにしている。

なかでも注目されるのは、青木のいう「自然」に着目した社会学者の江原由美子による批判である。江原は、青木が女性の妊娠・出産を「自然」なものと見なし、女性の身体を「自然の一部である」という主張を展開したことに対して、それが「日本の女性解放論の潜在的な主流」だと述べている。その上で、直観的に「身体や感性や直観をも含みこむ知」としての「女性原理」が、エコロジー運動としてのフェミニズムを立ち上げているとしている。しかし、そうした文脈における反近代主義的言説での「自然」とは、「現にある社会の外に『自然』を求め、その『自然』を収奪し近代社会の再生産に投入」する「幻想装置」の役割を担うものにすぎないと批判するのである。[*2]

また三砂ちづるに関しては、ウーマン・リブの旗手というべき田中美津による批判が注目される。セックスや出産を体験していない女性は「オニババ化」するという三砂の主張に対して、そんな主張は「宗教」であり「女性嫌い」が透けて見えると記述している。さらに、三砂が疫学の知見を非科学的に利用していることにも批判を向けている。[*3]

以上のように三砂と青木に対しては、どちらも女性の身体を重視し社会に位置づけている点そのものが、フェミニズムの観点から厳しく批判されている。それは、身体性とジェンダーとが不可分という前提に基づき、自明のものとする見解そのものに対する批判でもある。その上で、女性としての身体性を重視することが、社会における問題の解決に資するとする期待にも厳しい目が向けられているのである。

しかし、こうした批判の反面で、妊娠・出産と「自然」との結びつきについて、聖性が持ち込まれている点について十分に精査されているとは言い難い。また、「自然」という言葉に言及することがあっても、その役割や意味について掘り下げて検討されることはなかった。この点が見過ごされがちなのは、おそらくフェミニズムとスピリチュアリティの接点そのものについて、これまで十分に議論がなされてこなかったことが理由として挙げられる。本章でスピリチュアリティとフェミニズムの接点について包括的な議論を行う余裕はないが、三砂と青木の議論を「自然」という観点から整理することで、そこにどのような論点が見いだせるのかについても探ってみたい。

女性の身体と「自然」——青木やよひの議論から

すでに述べたように、女性の身体性をめぐって妊娠・出産に焦点が当てられる場合に、「自然」とのつながりにおいて、それに聖性を見いだそうとする動向は八〇年代からあった。この時代的な枠組みを明らかにするためにも、先に青木の議論を取り上げる。

青木はエコ・フェミニズムの枠組みで女性の身体性と「自然」のつながりの重要性を強調する。その考えの根底にあるのは、急速に進んだ「文明化」による環境の悪化と、それをもたらした社会の仕組みに対する批判である。ここでいう「文明化」とは、ノベルト・エリアスの議論に依拠した概念であるが、[*4] 青木は女性の身体と「自然」とのつながりから「文明化」を見直すことで、ドラスティックな変化が社会にもたらされることを期待した。

そうした青木の考えをまとめたものが、『女性・その性の神話』（オリジン出版センター、一九八二年）である。同書で青木は一貫して、生産性を重視する西欧文明を批判しているが、それは西洋文明が「男らしさ・女らしさ」の役割分業を基盤とするものだからである。そして環境問題をはじめ、世界に荒廃をもたらす「文明」の問題を根本から解決するためには、「男らしさ」を過度に重視する社会のあり方に変革をもたらすことが欠かせないと訴える。その上で、青木は男性と女性との間の差異である「基本的な生物としての性のちがい」がそうした現状を打破する契機になりうると主張する。なぜなら、身体の要を成す「性」、特に女性の「性」を重視するのは、それが「文明化」して硬直した社会の閉塞感を打破する突破口になりうると青木は考えるからである。

したがって、青木が考える女性解放運動とは、女性が男性並みに働く権利を獲得することでもなければ、女性優位社会をつくることでもない。テクノロジーを優先する管理社会から解放された「やさしさや暮らしの感覚を含めた感性の復権要求」こそが、女性解放運動のあるべき姿だと青木はとらえ、そのなかに、「産む性である女性のトータルな自己実現」を価値あるものとして位置づける。さらに、この女性解放の過程で、男性もまた人間疎外から解放されて、女性とともに生きる道がつくられるとも青木は述べている。

このような考えに至った理由として、青木は女性と「自然」との関係を挙げている。そもそも青木が女性解放運動を「産む性」と結びつけるきっかけとなったのは、自身がボーヴォワールの『第二の性』を読んで違和感を抱いたことである。青木は『第二の性』について、女性であることに「不自然さ」を感じさせる内容だと評価した上で、自身が東洋人であることから来る違和感や、文章から「一種の『宗教（あるいは自然）音痴』」を感じ取ったという。

青木のこの違和感は、「個人的なことは政治的である」として、社会での女性のあり方そのものを問い、リプロダクティブ・ヘルス&ライツにも影響を与えた運動でもあった第二派フェミニズムに対する批判にも接続している。なかでも第二派フェミニズムに散見する妊娠・出産に対する拒否感は、青木にとってピルや生殖技術などの発達を「女性を妊娠や出産のような野蛮な苦役から解放する手段として認める」ことに他ならない。したがって、妊娠・出産を否定的にとらえる第二派フェミニズムが「男性優位社会を打ちこわす」と主張することとは、青木にとって「自然に反する」ものなのである。

では、青木にとって女性と「自然」とはどのようにつながっているのだろうか。青木はまず、「性」のあり方を三つの意味に分けて説明する。一つ目は、性別など身体的特質を根拠とする「性」、二つ目は性愛を含む他者との関係における「性」、三つ目は文化的、社会的な意味で持ち出される「性」（ジェンダー）である。青木はこの三つを互いに連関したものととらえているが、さらに以下のような観点を持ち出している。

この考えを伸展させてゆく過程で、上述の三つのレベルのほかに、性の向こう側にあって、性を意味づけているその文化や社会に特有の自然観ないし宇宙観の存在を、私は考えずにはいられなくなった。（略）たとえば、子どもの誕生を単に生殖行為の結果とせず、「子は授りもの」と考える社会では、子を授けるものとして、人間を超えた不可視的な存在が信じられているはずである。しかもかつての日本人の場合、それが特定の絶対神ではなく、自然界の諸相を代表するさまざまな土着的な精霊のごときものと想定されていた。つまり、子どもを媒介にして見ると、性は自然の位相と関連づけて考えられていたということができる。

このように、青木はすべての「性」を包摂し意味づけるものとして、「自然」という言葉を使用する。さらに、この「自然」はこれまで繰り返されてきたように、超越的な意味を担っていることが指摘される。

ところで、「性」と「自然」の結びつきが聖性を帯びるとする考えに至った理由として、青木は文化人類学での議論、特にマーガレット・ミードの議論に出会ったことを挙げている。[*5] 具体的にはトロブリアンド諸島やサモア諸島、ホピ族の例を挙げ、彼らは「親子関係の羈絆《きはん》(きずな、束縛—引用者)がゆるく、性行為が自然なものとして受け入れられ」る生活を営んでいることを理想として位置づけている。その上で、子どもは「授かりもの」として共同体に歓迎される一方、家族や夫婦関係が抑圧された関係としてではなく、自由な関係であると強調している。

そして、彼らの「性」のありようの先に、性を蔑視するがゆえに性差別が発生する「文明化」した社会と対照的な図式、すなわち「自然との共生=肉体と性の受容=両性の対等」を実現する道があると青木は主張する。この考えは、哲学者のイヴァン・イリイチが妊娠・出産を含む家庭内での仕事を指す「シャドウ・ワーク」や、その土地で定着してきた文化や伝統を指す「ヴァナキュラー」に注目したことを受けて、青木が生殖を中心とする女性の身体性を重視し、エコロジーと「女性らしさ」との融合を目指したことと密接に関係している。[*6]

このように、青木は現代社会で特に女性の「性」が看過されていると述べて、「性」の根幹にある「自然」の重要性を強調するのである。この場合の「性」は、特に生殖や性愛を中心とする、身体性を軸とした「性」のことを指すが、「自然」に包摂されて聖性を帯びた女性の「性」のありようこそが、男性中心の「文明化」によって閉塞した社会に変革をもたらしうるという希望を見いだす。そしてこの希望が、青木にとって女性が獲得すべき解放運動であり、フェミニズムとして位置づけられていると言える。

ところで、すでに触れたように「性」を重視し、「自然」による聖性を付与するという考えは、三砂の議論にも通底している。ただし、三砂の議論からはフェミニズムと対極にある、むしろ保守的と言える「性」のとらえ方が見いだされる。次に、三砂による議論を取り上げたい。

女性の身体と「スピリチュアル」――三砂ちづるの議論から

先に述べたように、三砂ちづるの議論は「スピリチュアル市場」にまで影響を及ぼすほどに注目を集めた。その大きなきっかけとなったのが、三砂の著作『オニババ化する女たち――女性の身体性を取り戻す』がベストセラーになったことである。ここでは同書を手がかりとして、女性の身体に関する三砂の議論の特徴を検討しよう。

同書の冒頭で三砂はキーワードである「オニババ」について、昔話を引きながら、かつての社会で適切な役割を獲得することのなかった女性が、その結果として「性と生殖に関わるエネルギー」の行き場を失って、枯渇した状態のことだと定義している。そして女性がエネルギーを満たしておくには、月経や性経験、出産といった体験を通して「からだの声」を聞くことが必要だと述べている。「オニババ」という言葉を持ち出したのは、何か満たされない女性たちが増えていると思うようになったからだと三砂は述べている。

特に、高齢女性の「オニババ化」が進んだのは、フェミニズムの影響によるところが大きいと三砂はいう。なぜなら、フェミニズムが広めた「産んでも産まなくてもあるがままの私を認めてほしい」という価値観が、結婚や出産から女性を遠ざけたからだとしている。さらに、フェミニズムの影響によりウィメンズヘルスを重視する医療体制が強化されたことが、女性の身体を管理する体制をより厳しくしたとも述べている。その上で、女性は自分の身体に「耳を傾ける」機会が失われただけでなく、医療を経由しない、女性同士でつながれ受け継がれる「身体の知恵」も奪われてしまったと三砂は主張する。

さらに三砂は、出産場所として病院の役割が大きくなったことを問題視する。三砂によれば病院が主な出産場所になった結果、出産は痛みを伴ったり怖い思いをさせられたりする体験だというとらえ方が強調されるようになった。なぜなら、病院での出産には促進剤を使ったり会陰切開を行ったりするなど、痛みを伴う処置が多く含まれているからである。また処置しやすいように妊婦が仰臥位《ぎょうがい》をとることが出産をより困難なものにしたり、授乳という赤ちゃんと触れあう体験も医療の介在で失われてきたと述べている。

その上で女性が「オニババ化」しないようにするには、「身体の知恵」を取り戻すことが重要だと三砂はいう。具体的に三砂が強調するのは、月経と出産体験、そして男性とのセックスである。月経については三砂の考えの特徴を最も反映した内容なので、後ほど詳しく取り上げたい。

三砂によると女性にとって重要な体験とされているのが、助産所で助産婦による介助を受けて出産することである。日本での助産は医療から独立して発展してきたことから、独自の技術が自律的に守られて伝統として培われてきた。また、地域に根差して運営される助産所は病院と比べて、お産に対する地域や家の伝統を継承する傾向があることも長所とされている。このような助産所や助産婦の存在は三砂にとって、「身体の知恵」を継承し媒介する存在として位置づけられる。そして助産所のことを、「本当に手付かずの自然なお産が奇跡のように残っています」と評価している。

また、「身体の知恵」として男性とのセックスが挙げられているが、三砂によればそれはセックスが自己と他者とのつながりを深めるだけでなく、世界とのつながりをも体験する行為だからである。また、セックスは自分の体を緩めて、「魂の行き交う場、霊的な体験」の機会ととらえていて、三砂はその点にスピリチュアルなものとの親和性を見いだすことができるとして以下のように述べている。

これは、今流行《はや》りの「スピリチュアル」なレベルでの話のように聞こえますが、即物的に、性欲が出てきた段階でそれをまっすぐに発現できないでいると、いろんな歪《ゆが》みが入ってくる、という言い方でも同じです。スピリチュアルなことというのとからだのことというのは、本当に表裏一体なのです。スピリチュアルなことが裏にあるので、からだにそれが出てくる。というのも、本当は人間は、誰かとつながることによって、もう一度自分が自然とつながっていたという経験を取り戻しながら生きていって、次の世代を産むようにできているのに、それができていないから、からだの上でやはりトラブルが起きるわけです。

三砂は続いて、理想的なセックスについてイリイチの「ヴァナキュラー」の考えを取り上げながら、近代産業社会が潰してしまった伝統的な男と女の絡み合いを理想的なイメージとして提示している。具体的には、ブラジルのインディオやポリネシアのセックスにまつわる文化を挙げている。

さらに三砂は、女性性器を神社になぞらえて称揚している。具体的には、神社は「女性性の象徴が建造物になったもの」だという説を紹介した上で、「鳥居は入り口で、参道は産道、お宮は子宮です。そして鳥居をくぐって入ってくる御神輿《おみこし》が精子」だという見立てを披露している。この見立ては、「アメリカ発のセックスのクリトリス主義」と対照的なものに位置づけられている。そして、「女性性の象徴に神を見ていた日本人」の価値観を大切にして、自分の身体性を見直すこと、特に「子宮」を大切にする価値観を回復することの重要性を強調する。

このように、三砂は現代日本社会における女性の問題解決の鍵をその身体性に置いて、月経や出産、セックスを女性としての身体を回復する可能性を伴う体験としてとらえ直すべきだという考えを提起している。なかでも、助産婦の介助を受けた助産所での出産に「自然」を見いだして、その重要性を強調している。さらに、セックスを通して男性や世界とつながる体験に、スピリチュアルな意味があるとも述べている。また、こうした身体のありようは他国の文化だけでなく、日本固有の文化と接続していることにも特徴がある。

以上に見てきた青木と三砂の議論からは、女性の身体性、特に妊娠・出産する身体と

「自然」との接合に聖性を見いだそうとしている点が共通していることが改めて確認された。また、両者は「ヴァナキュラー」なジェンダー観を重視している点でも共通している。ただし、青木は女性の身体を重視することで社会そのものに変化がもたらされることを期待するのに対して、三砂はあくまで女性の生き方のみを重視しているという違いが指摘される。そしてそれは自《おの》ずと、両者が身体に向ける意識の違いに関係するのである。次に、両者の相違が際立つ点について二点ほど取り上げておきたい。

身体性と「自然」の結びつき

これまで見てきたように、青木も三砂も共通して女性の身体性にこだわりを持っている。そして、女性が潜在的に持つ身体性と「自然」との結びつきが、女性の生き方のみならず現代社会にとっても重要な意味を持つと訴える。その際に両者が重視するのが「性」に関わる要素のなかでも、特に妊娠・出産である。ただし、身体を重視する仕方そのものには違いが見られる。

青木は『フェミニズムとエコロジー』（新評論、一九八六年。増補新版一九九四年）で女性の身体性の復権について持論を展開している。すでに述べたように、青木は「文明化」した社会の対抗として女性の身体性の「復権」の重要性を強調しているが、身体性を重視するのは、自分を取り巻く環境を認識するのは身体を通してしかできないからだとしている。また、精神から独立した道具などではなく、文化の基盤そのものとして身体をとらえ返すことの必要性を訴える。その上で、「人は、感覚ぬきに、つまり身体を無視しては真の知性を獲得できない」と主張する。したがって、身体性を復権するために、環境を感性によって認識した上で、「何を食べ何を身につけるか、あるいは何を受け入れ何を拒否するか」という感性を磨くことが大切だと説いている。

さらに、産む性としての女性のあり方を否定しないためにも、「自然」から切り離すことを止《や》めることが必要だと主張する。なぜなら、生殖が「自然」と切り離されると、女性はアイデンティティそのものが危機に晒されるからだと青木はいう。そして、「女性の自然（＝身体）」を男性よりも劣ったものとしてとらえるのではなく、「女固有の身体性」であるところの産む性を肯定することで「世界観・身体観を根底的に逆転すること」を目指すべきだと主張するのである。このような青木の論点で重要なのは、変革すべき「文明化」した社会とは、男性中心につくられた社会だととらえられている点である。だから、産む性としての女性の身体性を重視することとは、男性中心の社会を根底から覆すことを指す。

一方、三砂もまた女性の身体と「自然」との結びつきを強調するが、それだけでなくより具体的な身体への働きかけを示している点に特徴がある。三砂が特に重視するのが、出産と「月経血コントロール」である。

すでに触れたように、三砂は助産所での助産婦の介助による出産に可能性を見いだす。なぜなら、助産婦の介助による出産は、「自然なからだに向き合うお産」であるだけでなく、助産婦によって「何かにしっかり『受けとめられた』」という思いを体験することができるからだという。さらに、医療によらない助産所での出産は、「宇宙とつながったような」豊かなお産の経験であるとして、三砂は以下のように述べている。

非常に豊かなお産を体験した女性は、お産の前と後では人が違うのではないかと思うくらいに変革をとげます。お産を通じて自分のからだと向き合えば、非常にインパクトのある経験として、女性の人生の核となります。それは人間の根っこになるような経験ともいえます。(略)自分はひとりではなくて、自然とつながっていて、そこから力が出てくる、ということを感じさせるような経験です。男性は簡単には経験できないような本質的な体験といえるでしょう。

そして、三砂は出産によって得られる体験を「原身体経験」と表現する。

三砂が推奨する、女性の身体性を獲得する方法は出産だけではない。もう一つの方法として、「月経血コントロール」の重要性が繰り返し説かれている。「月経血コントロール」に関しては、『昔の女性はできていた――忘れられている女性の身体に〝在る〟力』（宝島社文庫、二〇〇八年）により詳しく説明されている。

同書によると、ある世代の女性は「月経血コントロール」ができていたという。「月経血コントロール」とは膣の周辺の筋肉を鍛えることで、経血をトイレなどで排出できるようにすることである。三砂に「月経血コントロール」のことを教えてくれたのは京都の芸妓《げいぎ》の女性で、着物の下に下着を着けていなかった時代には、月経の際に紙を丸めたものを膣につめて経血を止めておき、トイレで腹圧をかけて詰めものごと経血を排泄していたと証言している。それに対し三砂は、膣の詰めものは経血を吸収するためではなく、漏れ出さないように膣の周辺に意識を集中させるためだったのではないかと推測している。さらに三砂はインタビューから、経血が漏れることがなかったのは畳で日常生活を送ったり、着物姿を美しく見せる所作を整えるなかで、自ずと「月経血コントロール」を行うための筋肉が鍛えられていたからだと述べている。

しかし、「月経血コントロール」という「身体の知恵」は後の世代に継承されることはなかった。その理由として、「月経血コントロール」はなかば無意識に行われていたため、言語化して伝えられることがなかったからだとしている。

そこで、現代において改めて「月経血コントロール」が行える体づくりを通して、自分の体に向き合うことが重要だと三砂は主張する。実際、三砂は運動科学総合研究所の所長である高岡英夫とともに、「大和撫子《やまとなでしこ》のからだづくり」という「月経血コントロール」を目的とする体操教室を開いたり、体に「気づき」をもたらす実践法などを著作で紹介したりしている。

そうした方法の一つとして三砂が提案するのが、布ナプキンの使用である。「月経血コントロール」の体づくりのために、詰めものの代わりに布ナプキンを使用することが有効なのではないかと述べている。その上で次のように読者に向けてメッセージを発信している。

わたしたちは、今一度、自らのからだの能力や他人とのかかわりについて、考えざるを得なくなっています。それが、厳しく難しいことだけではなく、忘れていた自らの力を思い出す、喜びの体験でもありうる、とすれば、「来る時代もそう悪くはない」というメッセージを次の世代に渡すことができるのではないでしょうか。月経血コントロールを、そのささやかな試みのひとつ、と考えることができれば、と願っています。

このように青木は、妊娠・出産は元から「自然」と結びついているものであり、男性中心の「文明化」した社会によってその結びつきが阻まれていたからこそ、再びその関係を見直すことが必要だとしている。そして、出産を媒介として「自然」と再びつながることが、この男性中心社会を根底から覆すことになると主張する。他方、三砂も現在の社会のありように対して、「自然」と結びつく出産を推奨するが、それは助産所での出産だとか、「月経コントロール」を推奨するというようにあくまで女性の身体性そのものに重きを置いている。また、女性の居心地の良さだとか喜びといったことが目的であり、社会に変化をもたらすといったことにはむしろ消極的であることがうかがわれる。

以上のように、両者とも妊娠・出産と「自然」を結びつける立場にありながら、その方法や目的において違いが見いだされる。さらに、青木と三砂の見解の違いが最も際立っているのが、母と家庭に向けた視線である。

母になることと家庭の形成

妊娠・出産を経ると、一般的に女性は母という役割を担うことになる。しかし、妊娠・出産の体験を重視するものの、母になることそれ自体に対しての青木と三砂の見解は対照的である。

青木は女性の生殖を中心とする身体性を重視するが、母となることや、さらには家庭を築くことを全面的に肯定しているわけではない。むしろ、核家族化を背景に、母子癒着の状態が引き起こされたり、成人した男性が母親から自立しにくい状況が生み出されたりしていることを問題視している。そして青木は、孤独でも豊かに生きるための「シングル・カルチャー」や、子どもがいなくても老後を過ごせる社会的な仕組みをつくる重要性を強調する（『共生時代のフェミニズム――ひらかれた未来をもとめて』オリジン出版センター、一九九四年）。さらに青木は、人工生殖の技術が発展したり、国家が出産を促進することを危惧している。七〇年代より少子高齢化が急速に進んだことで、国家が出産を促す政策をとるようになってきたからである。こうした状況と人工生殖技術の発達が相乗することで、女性が「子産み機械」にされてしまうと指摘する。

妊娠・出産を重視するにもかかわらず、こうした危機感を抱く理由として青木がフェミニズムの枠組みに立つ論者であることが挙げられる。青木はあくまで、女性を抑圧する、家父長制を基盤とするイエ制度に対して批判的な立場を取る。さらにイエ制度が、天皇と疑似的な親子関係を取り結ぶための制度であったことも、青木が批判する理由である。なぜなら、イエ制度は忠誠心と自己犠牲の精神とを国民に植え付けて、敗戦ですらその責任を天皇や国家ではなく、自己に帰する心情を生み出したからである。このような見解に立って、青木は「天皇の赤子」としての民族的アイデンティティの押し付けに抗《あらが》い、女性や子どもを搾取する構造の転換を重要視する。

ただし、青木は天皇制と結びつきやすい「母性」には批判の目を向けるものの、「女性的なるもの」にはむしろ天皇制を回避する可能性が秘められていると期待を寄せる。なぜなら、女性と「自然」とが結びつくことで、男性を天皇とする国家のあり方それ自体を覆すと考えているからである。このように青木が「母性」や家族、さらには天皇制に対して批判的な立場を取るのは、自身が一〇代を戦時下という過酷な境遇のもとで過ごしたことと深く関わっている。

対照的に三砂は、女性が子どもを産んで母となり、家庭を切り盛りすることを積極的に推奨する。さらに、フェミニズムに対する文脈で、働くことによって自己実現が可能とする考えを批判している。なぜなら三砂によればそのような女性は少数だからである。だから、そうではない女性たちに対して、結婚して子どもを産んで「『女として生きろ』というオプション」が必要だと主張する。その上で「女性はやっぱり相手を持って、性生活があって、子どもを産んで、ということをしていけば、ある程度の、女性としていい暮らしができる」（『オニババ化する女たち』）と述べているのは、三砂の真骨頂と言ってよいだろう。

三砂がこのような見解をさらに積極的に展開しているのが、『不機嫌な夫婦』（朝日新書、二〇一二年）である。同書では、女性が社会に進出して労働に従事するのは単に消費社会の拡充に寄与するものでしかないと主張されている。そして、働くことで自己実現できるというのは幻想にすぎず、女性としての幸せを取りこぼす原因にさえなりかねないと述べている。それよりも、女性はそばにいる人を愛し、家族をつくることが重要だと三砂は強く主張する。そして、「男と女がお互い支え合」うことで、生まれた子どもを慈しみながら「次の世代を育てて、死んでいく」という営みをつなげていくことに、女性は自身の存在する意味を求める必要があるというのである。

その上で、結婚して家族をつくることに「抑圧された女性」像を見いだすのは間違っていると否定する。その根拠として、男女の性関係を挙げている。三砂によれば、性関係が介在する夫婦の関係はあくまでフラットに形成されている。なぜなら、セックスは心から信頼し合う相手と行うものだからである。そのためセックスを積極的に行い、身体を通して夫婦が互いに慈しみ合うこともまた、家族の重要な要素だと主張する。このような価値観から、女性が独身でいることや離婚することだけでなく、男性と女性とで構成される夫婦以外の関係、すなわち同性愛や同性婚にも三砂は批判的な目を向けている。

さらに、女性が家事を積極的に引き受けることも大切なことだとしている。『女が女になること』（藤原書店、二〇一五年）では、炊事や洗濯、子育て、介護といったものはそれ自体が「人生の楽しみや喜び」だと三砂はいう。そして、女性が家族の私的領域を自分で引き受けることは、仕事を中心とする公的領域とは異なる価値を有するとして、以下のように記している。

運命を受け入れ、夜明け前から起き、家族のために祈り、ただ立ち働いて、子どもを産んでは育てて、死んだ子は弔って、誰にも知られずに死んでいった、祖母のような、数えきれない日本の女たちを鑑《かがみ》として、そんなふうにはなれないまでも、心に抱いて生きていきたいと願うようになった。（略）〝家事〟は、まず、家の女に引き受けられるのがよかろう。

こうした三砂の見解を貫いているのが、女性が子どもを産んで家族をつくり、その子どもがまた家族をつくることへの絶対的な肯定である。ここでは世代をつなぐこと自体が、超越的な色彩をまとっていることさえもがうかがわれるのである。

身体性、「自然」、フェミニズム

ここまで、青木やよひと三砂ちづるの議論を検討してきた。それを踏まえて次に、両者の議論を比較し対照することから何が見えてくるかを検討してみよう。すでに見てきたように、両者とも女性の身体性を「自然」と結びつけることで、聖性を付与している点で共通している。

さらに、女性の身体性と「自然」とを媒介するものとして、生殖機能や性愛といった「性」のありようを挙げているのも共通する点である。言い換えれば、青木も三砂も、妊娠・出産を女性の身体性のなかで最も重要だととらえているのである。青木がフェミニズムを支持しつつも、妊娠・出産を積極的に肯定しなかったウーマン・リブと距離を置いていたのはこのことと関係している。三砂に至っては、フェミニズムそれ自体を女性の身体性を否定するものとしてまるごと退けている。

フェミニズムをめぐるこのような立場の違いには、両者が活躍した時代が異なることも大きく影響している。青木が活躍した時代は第二波フェミニズムの影響が日本にも押し寄せて、その枠組みで妊娠・出産を論じることが重要な意味を帯びていた時代であった。それに対して、三砂が活躍した二〇〇〇年代は、フェミニズムの枠組みで妊娠・出産を論じることが、もはや自明とは言えない時代である。だが、両者が妊娠・出産を「自然」と結びつける理由やその結びつけ方、さらには「自然」にどのような意味を持たせるかということの由来は時代的背景によるものだけでなく、フェミニズムそのものに対する見解の違いが密接に関係している。

では、ここで強調されている「自然」とは何を指すのだろうか。青木と三砂のどちらにおいても、「自然」は生命を生み出す女性の身体性を聖性にまで引き上げるものとして設定されている。そして、妊娠・出産する女性の身体性そのものが、社会に現前して「ある」ということを強く押し出している。

この観点は、女性というカテゴリーが社会や文化によって後天的に規定されうるもの、すなわちジェンダーとして規定されるよりも優位に置かれる。なぜなら、ジェンダーは後天的に規定されるものだからこそ、いつでも社会や文化によって解体されうる可能性を含んでいるからである。身体性と女性であることとを不可分とし、「自然」を付与することで聖性を持ち込む見方は、女性であることにより確からしさを与えると考えられる。また、妊娠・出産を中心とする身体性を女性の「本質」と見なす価値観は、時代的に見てもある種の普遍性を帯びていると言えるだろう。現代社会によって否定し去られた女性像が、ときおりノスタルジーの対象として喚起されるのはそのためである。両者がイリイチによる「ヴァナキュラー」についての議論を参照したり、三砂が「昔の女性」を理想像として提示しているのもこうしたことと関わっている。

このように、女性の身体性と「自然」とのつながりにおいて聖性が強調されるところまでは、青木と三砂の論点に共通性が見られる。しかし、「自然」が聖性とどのようにつながっているのかについては、両者の見解は異なる方向に向かう。

すなわち青木は、女性の身体性における妊娠・出産を中心とする「性」そのものを包摂し保証するものとして、外在的な「自然」を措定している。言うなれば、身体性が拡充される先に「自然」との接点が生まれるというのが青木の考えである。この考えには、女性の身体性を基軸に据えることで、「文明化」して硬直した社会を根底から覆すことができるという、青木の理想が投影されている。また、この「文明化」した社会をつくり出したのは男性であるとして、女性が変革をもたらす意味を積極的に表明している。

このことは青木が、女性の身体性の拡充によって、自己の外側にある世界を敏感に感じ取ることを重視していることと関係している。それによって、聖性を帯びた女性自身が、現実社会に深く関与することで良好な変化をもたらすことに期待を寄せているのである。ただし、青木が想定する女性の身体性は抽象的な内容に留まり、具体的な例を示したり、理想像を提示したりといったことはなされていない。

反対に三砂は、「自然」を身体性の内側のみに見いだして、その「自然」を活性化し洗練させることが女性に聖性をもたらすと考える。その契機として最も重視されるのが、出産の体験である。特に、助産所で助産婦の介助によって出産する体験は、自分自身の身体性に胚胎《はいたい》する「自然」と向き合う過程として強調されている。そして、その場合の「自然」もまた、「宇宙」とつながる聖性を帯びたものとして位置づけられている。

さらに、三砂の議論は身体性をフェティッシュなまでに重視している。とりわけ注目されるのが「月経血コントロール」である。もっとも三砂のいうような「月経血コントロール」は、科学的、医学的根拠に乏しいと推測される。なぜなら、三砂が「月経血コントロール」が可能としている根拠は、三砂によるインタビューのごく一部にすぎないからである。それでも、月経を司り「自然」なお産を可能とするトレーニングをしたり、布ナプキンを使うことで膣や膣周辺を意識することが推奨されている。このように、三砂は女性の性器そのものに注目して、女性自身が身体の内部に注意を向ける方法を示唆しているのである。「文明化」した社会だとか、男性中心の社会といった外部に対して変化をもたらそうとする価値観が淘汰されているのも、このような身体観と関係している。

もちろん、三砂は身体性の外部をまるごと捨象しているわけではない。例えば、助産所での出産を推奨する理由として、助産所は地域に根差して発展していることから、地域の家や伝統を熟知していることも長所として挙げている。したがって、出産の体験は地域での家や伝統を「自然」とともに、いわば身体化する過程としても位置づけられている。さらに、女性の性器を神社に喩えたり、アメリカという国名を挙げてセックスのあり方を批判する見解からは、ナショナリズムへのゆるやかなつながりすら見いだされる。こうしたことから、三砂が重視する女性の身体性と「自然」の結びつきは、保守的とも言うべき価値観が付随していると言えるだろう。

　他方で、三砂は男性に対して、その存在をことさらに重視しているわけではないことが議論からうかがわれる。すでに見たように、三砂は男性をセックスの相手か、せいぜい夫婦や家族の一員として位置づけているにすぎない。したがって、三砂は男性中心のイエ制度によって国家を盛り立てたり、女性や社会に変化がもたらされると主張しているわけではない。男性はあくまで、女性が身体性を基盤とする自分自身の居場所を獲得する拠り所にすぎないと言えるだろう。さらに、女性が出産によって「自然」を見いだす至高の体験を得ている時に、男性は女性の領域から排除されていることも示唆されている。

　こうした、三砂の男性観は、独自の家族観、家庭観へと接続している。三砂は女性が子どもを産んで母となり、家族を形成して家庭を取り仕切ることを重視する。性愛を媒介とする夫婦関係も、そのなかに位置づけられる。それは、仕事を通して自己実現を追求できる女性はなお少数派であるという価値観に基づき、家庭のなかで自分の居場所を形成することに女性の主体的な生き方を見いだそうとしているからに他ならない。だから、女性が家庭の外の社会に視線を向ける場合も、家族や夫、子どもといった存在を媒介することが前提となっている。そして家庭の外部に目を向けることよりも、子どもを産み育てることそれ自体を女性の重要な役割だとして位置づける。なぜなら、子どもを産み育てることは私的な営みではなく、「次の世代」に送り出すことによって希望をつなぎ、社会の発展に貢献することになるからである。

こうしてみると、三砂による主張がなぜ今日の「スピリチュアル市場」と親和性が高いのかが明らかになってくる。定期的に生理が来て、妊娠・出産するかもしれないという女性の身体そのものに確かな価値や意味を与えることに特化していて、そのために「自然」とのつながりが重視されているからである。そして「自然」は身体の外部に位置するのではなく、身体の内側にあらかじめ「ある」とされているのである。

それは、女性性器を有して、女性の身体に生まれたというだけで、ともすれば社会から不当な扱いを受ける事態から、女性自身の意識やありようを守ってくれる価値観でもある。こうして、妊娠・出産しうる身体に生まれてきたことそのものが、ようやく重要な価値を帯びるものとして浮かび上がる。妊娠・出産を必ずしも肯定してきたとは言い難いフェミニズムに対し、三砂が批判的な立場を取るのもこの意味で必然的なことと言えよう。さらに、妊娠・出産する身体は、家族や家庭という領域のなかに自分の核になる居場所を確保することをもたらす。ただし、それは家庭の外側にある社会への関心や働きかけ、さらにはつながりそのものと引き換えに成り立っている。

八〇年代から九〇年代にフェミニズムの枠組みのなかで活躍した青木は、女性の身体性と「自然」とのつながりによって、女性だけでなく男性にとっても閉塞を見せ始めた社会に変容をもたらすことを期待した。だが、青木がそうした夢想を抱いた当時に比べて、社会の現実は女性にとってより一層困難に満ちたものとなった。妊娠・出産をめぐる現実そのものが、必ずしも喜ばしい出来事となりえなくなったのである。また、無事に妊娠・出産を経て母親になったとしても、その責務は困難で重たいものとなっている。このような現実のなかで、母になろうと決意した女性たちが、せめて出産という体験を、あくまで私的な幸せや、さらには超越的領域につながる体験として期待する方向に向かったとしても不思議はない。

三砂は出産から社会的意味を一時的に削《そ》ぎ落とし、女性としての至高の体験であるものとしてとらえ直す経路を指し示している。そしてそのまま、外部を排除した家庭をつくり上げて、それを切り盛りすることに女性の生きる道を見いだそうとしているのである。こうしたことからは、現代日本社会に女性の身体として生まれることや、妊娠・出産を経た女性が自身の納得のゆく居場所を獲得することがいかに困難であるかが逆照射されている。

そして、母になることを全面的に肯定するということは、フェミニズムがここ三〇年の間で実現できなかった、あるいはしてこなかった出来事でもあった。批判を受けた青木がフェミニズムの表舞台から姿を消して、その後は議論を展開することがなかったのもその理由として挙げられる。そして、そのニーズに応えたのが現代日本社会におけるスピリチュアリティだったと言えよう。三砂による女性の身体性への視線がフェミニズムに批判的な一方で、スピリチュアリティと融合して「スピリチュアル市場」に影響を及ぼしているのも、そうした特徴と密接に関係している。

さらに、妊娠・出産する身体性を重視する三砂の見方は、「スピリチュアル市場」でさまざまなコンテンツを生み出す契機にもなっている。すなわち、身体にフェティッシュにこだわる思潮の広がりが、アイディア次第でいくらでもコンテンツを生み出すのを可能にしたことは間違いない。三砂が消費社会に対してやや批判的なスタンスを取っていることからすれば、女性の身体性へのこだわりが「市場」と親和性が高いことは皮肉なことと言える。しかし、だからこそ「スピリチュアル市場」によるコンテンツは「文明化」した社会に安心して埋没し、自分自身の居場所を獲得するという、徹底的な現状肯定をもたらすものとなるのである。社会に変化をもたらすとか、自己のありようをめぐる女性の悩みに答える次元のトピックに比べて、格段に現況の社会との親和性が高いからである。

ただし、自明のことながらこうしたスピリチュアリティのありようは、社会に問いを投げかけることや、変容を期待することと対極にある。また、妊娠・出産を経て母となることに対して社会からもたらされる困難の打開を「スピリチュアル市場」に期待することもできない。「スピリチュアル市場」に関わる妊娠・出産のコンテンツはあくまで、母となり保守的な家族や家庭に居場所を見つけることへと接続しているからである。そしてそのために、女性の身体性と「自然」との結びつきを強調するのが現状である。それが何を意味するのかについては、すでに議論してきた通りである。

第六章　妊娠・出産のスピリチュアリティとその広まり

三つの論点について

本書では、妊娠・出産のスピリチュアリティに関わるコンテンツについて、「子宮系」と「胎内記憶」、そして「自然なお産」という三つのトピックに分けて分析してきた。第一章で、歴史的に見ると妊娠・出産は「スピリチュアル市場」の登場によって初めて肯定的な意味での聖性を与えられるようになったと述べたが、そのことが具体的な事例からも明らかになったと言える。

そこでここでは、これら三つのトピックの相違点に留意しながらこれまでの論点を振り返りつつ、「スピリチュアル市場」において妊娠・出産のスピリチュアリティがどのように示されてきたのかを考察する。そのために本章では、妊娠・出産をめぐる女性の身体性、他者・家族・国家との関係、医療との関係、そしてフェミニズムとの関係のそれぞれに焦点を当てながら、全体を整理することを試みる。その上で、これらがなぜ「スピリチュアル市場」で女性たちの支持を集めているのかについて、社会的背景にまで踏み込んで検討したい。

女性の身体とスピリチュアリティ

まず、妊娠・出産をめぐるコンテンツのなかで最も重みを持っている、女性の身体性に注目する。これまでの分析から明らかになったのは、「子宮系」や「胎内記憶」そして「自然なお産」のいずれでも共通して、女性の身体性そのものに聖性を付与する価値観が貫かれているということである。

ただし、妊娠・出産する身体だからという理由だけで、女性の身体性に無条件に聖性が付与されるわけではない。「子宮系」「胎内記憶」「自然なお産」のそれぞれには、ヨガや代替療法を取り入れたメソッドとか、体を温めたりする生活習慣とか、漢方やマクロビオティックなどに則った食生活などが織り込まれている。つまり、女性の身体性に聖性を付与する方法が具体的に指示されているのが、大きな特徴をなしている。

しかも、これらのメソッドでは、ただ身体を良好に保つことだけでなく、内面を見直して充実させることも重要な狙いとされている。不安や苛立ち、焦りといったネガティブな感情を解消して、前向きに明るく過ごすことが、妊娠・出産にも良い影響を与えることが繰り返し主張されている。

身体に対するケアと内面の安定化とは、別々のことではなく連動したものと見なされている。こうしてみると、これら三つのトピックは心身一元論に立っている点では共通していると言えるだろう。普段は意識しない身体のありようを意識することで、妊娠・出産に特別の意味が付与されるのもこのような価値観に基づいている。

そして、身体をケアする仕方には、二つのやり方がある。第二章で「子宮系」における身体のケアの仕方として、「努力型」と「開運型」があることに触れたが、それは妊娠・出産のスピリチュアリティ全体に共通することである。

身体ケアのうちで最もよく見られるのが、身体性に働きかける過程で努力を重ねることの価値を強調するタイプである。このタイプは総じて現在の女性の身体性や、それを取り巻く状況を否定的にとらえる傾向にある。例えば、今日の利便性の高い生活が女性の心身に不調をもたらして、生理の乱れや妊娠・出産に関わるトラブルを引き起こしやすいなどといったことが主張されている。さらには、妊娠・出産に関心が薄い女性の存在自体が批判の対象とされたりもしている。

このような現代の女性に対する否定的な評価は、理想像としての「昔の女性」との対比でより強調される。ここでいう「昔の女性」とは、伝統的な生活を送ることで心身ともに健やかに鍛えられて、良好な妊娠・出産を迎えることができる女性のあり方を指す。こうした理想像からは、保守的な女性像が見いだされる。

ただし、さまざまなメソッドによって心身に変化をもたらすことが、妊娠・出産に好ましい影響を与えるという主張について、それを裏づける確かな根拠が示されているわけではない。あくまで、主張を展開する著者の実感だとか、実際に実行した女性たちの感想が示されているにすぎない。また、「昔の女性」は生活のなかで体が鍛えられていたから、スムーズに妊娠・出産ができたという話も、具体的な資料に基づくものではない。むしろ、死産の割合から見ると実態は逆であると考えるのが妥当である。したがって、ここで示される女性の身体性は到達可能な理想像というよりは、実現が不可能な虚構に近いイメージと言っても過言ではない。

他方で、現状のあるがままの自己の身体性を肯定し、無条件に聖性を付与することで、全面的に肯定することに重きを置く内容のものも見られる。「子宮系」のなかの「開運型」や、さらには「胎内記憶」がその例である。「開運型」では「子宮」は自己を映し出す鏡であり、女性である自己自身に無条件に聖性を付与する依《よ》り代《しろ》であることが強調されている。「胎内記憶」では子どもという存在が妊娠・出産に意味を与え、聖性を付与する存在として示されている。

もっとも、身体のケアにおいて努力を重視する立場も、無条件に聖性が付与されるとする立場も、妊娠・出産する能力を持った女性の身体そのものを称揚することに変わりはない。さらに、身体を重視することが、優しさや美しさ、包容力といった「女性らしさ」を育むのに寄与するとされている点で共通している。

ここで大切なのは、理想の身体性を実現して良好な妊娠・出産を達成することそのものではなく、その目標の実現に向けて身体に働きかけることなのである。到達しえない身体性を理想として設定すれば、妊娠・出産に向かう努力の価値が失われることはない。また、無条件に身体性に聖性が付与されるとする立場においては、妊娠・出産の価値が絶対的に揺らぐことはない。そして、いずれの立場を選ぶにせよ、妊娠・出産という選択に不安を抱くこともなくなる。

さらに、妊娠・出産をスピリチュアルな体験としてとらえることは、妊娠・出産を「女性らしさ」の象徴として強調することにつながる。例えば「子宮系」で推奨される各種メソッドでは、「子宮」に「温かい」「柔らかい」「ジューシー」といったイメージが付与されている。また、「胎内記憶」では、胎児が「かみさま」と相談してから、母親を選んでやってくるというエピソードが添えられている。そして、「自然なお産」では、出産自体が神秘的かつ至高の体験であることが強調されていた。これらはいずれも、妊娠・出産のスピリチュアリティを強調するとともに、妊娠・出産を優しさや美しさ、さらには包容力といった「女性らしさ」の象徴として示すものに他ならない。

こうして、妊娠・出産は、女性の身体として生まれた存在だけにしか体験できないことであり、しかも容易には言語化できない濃密なものとして聖化される。その意味で、妊娠・出産は女性の身体性が超越性とのつながりを、自分自身だけでなく周囲にも提示する役割を担うものと言えよう。

そして、そのことで、出産を経て母となることにも特別の意味づけがなされるのである。「自然なお産」とは単に子どもを出産して、母親となることだけを指すのではない。「自然なお産」とは超越的な立場で彼岸から此岸《しがん》へと命を媒介し、時に命の選別にさえ関わる崇高な体験であり、私的領域に留まるだけの出来事ではないことも強調される。言うなれば、妊娠・出産は人間社会における生命のゆくえをも左右するほどに、崇高な存在としての〈母〉となる〝聖別〟の徴表なのである。

他者・家族・国家

ここまで述べてきたように、妊娠・出産の過程にはさまざまな他者が関わってくるが、妊娠・出産のスピリチュアリティにおいてはとりわけ子どもの存在感が比重を増している。特に「胎内記憶」では、子どもは妊娠・出産を経て母となる女性を肯定し、聖性を媒介する存在として位置づけられている。「自然なお産」でも同様に、子どもが聖性をまとった存在であることが示されている。いずれにせよ子どもは、母親にとってただ愛《いと》しい存在である以上に、母親自身をいわば聖なる〈母〉へと高める役割を与えられている。

対照的に、男性の存在が希薄になっている。「子宮系」で男性が登場する場合、それはせいぜいセックスの相手として言及されるに留まる。「胎内記憶」に至っては、男性の役割に期待がかけられないばかりか、女性だけによる単為生殖といった非科学的な言説さえ肯定されるほどである。「自然なお産」において、子どもを産んで〈母〉となった存在が、父親の役割をも兼ねることができると示唆されているのも、男性の存在感の薄さを示す事例として挙げられる。

さらに、もう一つ希薄化されているものがある。それは、女性自身の元の家族、特に実の母親の存在である。女性が妊娠・出産を経て自分の家族を新しく形成するなかで、自分自身の母親を参考にすることはごく一般的に行われていることである。しかし、「スピリチュアル市場」が示す妊娠・出産のコンテンツからは、自身が〈母〉となるなかで現実の母親のイメージすらも棄却されている。「昔の女性」が理想として設定されているのも、この点と無関係ではない。

こうしたことから、妊娠・出産のスピリチュアリティにおいて重視される家族とは、夫婦と子どもからなる現実の核家族ではなく、また、家父長的な伝統的家族観を引き継いだものでもない。そこに見いだされるのは、擬制的な母系家族と言えるだろう。

こうした身体観は、身体性の内奥で起こる妊娠・出産と超越性とが接続する一方で、身体の外側にあるもの、つまり社会に対する視線が排除されていることと関係している。妊娠・出産のスピリチュアリティにおいて、例えば職場やそのなかでの女性の立場、あるいは育児に関わる社会的条件などにはほとんど言及されることがない。また、「自然」という言葉が多用されているにもかかわらず、実際の社会における自然破壊の状況だとか、地球環境の悪化だとかいった問題に触れられることも少ない。

さらに、外部の社会を排除した家族観は、スピリチュアリティが代替療法と親和性が高いことと関係している。「スピリチュアル市場」で人気を集めた妊娠・出産関連の書籍のなかに、ホメオパシーをはじめとする代替療法、マクロビオティックや漢方に基づく食事療法、東洋医学などを取り上げたものが各種見られるのは、このことを示している。これらは妊娠・出産に向けた女性の体づくりを主な目的としているが、それだけでなく、家族、特に子どもを自分の手でケアできるようにすることを目指すものでもある。すなわち、身体のケアを医療を中心とする外部に委ねるのではなく、自分自身の手で全うしたいという願望が託されていると考えられるのである。また、第五章で整理したように、スピリチュアリティからフェミニズムが捨象されるのと入れ替わりに、家事や育児などの家庭での作業に女性が専念することが勧められるのも、「家庭」から外部に向ける視線を排除する価値観の延長にある。

こうしてみると、妊娠・出産のスピリチュアリティにおいては、家族というつながりよりも、自身が育児や家事に専念したり、自分自身の身体性をケアしたりすることができる場としての「家庭」という枠組みこそが重視されていると言えるだろう。より踏み込んで言えば、こうした「家庭」とは、いわば〈母〉の身体性を拡大したものと考えられないだろうか。代替療法の使用だけでなく、母乳による育児が称揚されたり、体を使った家事が重視されることからもそうした傾向を垣間見ることができる。

そして、妊娠・出産のスピリチュアリティをめぐる言説では、女性性器が神社に喩えられるなど、日本的な宗教観や国家というものの重要性が強調されている。こうしてみると妊娠・出産のスピリチュアリティにおいては、家族や地域、職場といった中間集団を介さずに、女性の身体が国家や伝統といったものと直接に結びつけられていることに特徴がある。それが、〈母〉の身体性の延長である「家庭」を通してより増幅される。

したがって、妊娠・出産のスピリチュアリティには、保守的な国家観につながる要素があることを指摘しておく必要があるだろう。本書で取り上げた論者のなかには、著作や講演会などで積極的に右派的な（あるいはいわゆる「ネトウヨ」的な）国家観を披露する者もいることからもそれがうかがわれる。また、少子化が「社会問題」として言われるなかで、子どもを産むことが国家にとって重要だという主張が、保守的な国家観と相性が良いことは想像に難くない。

ただし、妊娠・出産のスピリチュアリティが保守的な国家観と結びつくことがあっても、当事者である女性自身がそのような価値観を必ずしも受容しているわけではないことは強調しておきたい。国家や伝統が持ち出されるのは、あくまで〈母〉という確たる存在になることの価値を補強するためであり、その逆ではないからである。

医療との関係

「スピリチュアル市場」における妊娠・出産と医療との関係では、医療に向ける眼差《まなざ》しのなかに矛盾する二つの要素が並立している。すでに見たように、代替療法や東洋医学は西洋医学に批判的であるが、そうした代替療法や東洋医学を重視する妊娠・出産のコンテンツもまた、西洋医学に依拠する今日の医療に批判的な姿勢を打ち出す傾向が強い。女性の身体が機械的に扱われるとか、妊婦よりも医療の都合が優先されるとか、医薬品や医療器具が必要以上に使用されるとかいったことにも批判が向けられている。

しかし、妊娠・出産のスピリチュアリティにおいて、医療が不要だとされているわけではない。特に「子宮系」では、女性の内性器である子宮の重要性をアピールするのに医学的な知見は不可欠である。言い換えれば、医学に基づく確かな情報に依拠できるからこそ、身体性の内側に意識を向けることに価値を見いだすことも可能となる。さらに、医療のイデオロギー自体がスピリチュアリティと融合している様子も見いだされる。触れたように「子宮系」において「卵子の老化」という言説が盛んに展開されているのは、その一例である。

だがそれ以上に興味深いのは、妊娠・出産のスピリチュアリティ言説の展開において、特に産婦人科医が大きな役割を担っていることである。例えば、「子宮系」では「子宮」を中心に生活を見直すことが、スムーズな妊娠・出産を可能にするという主張が産婦人科医によって展開されている。「胎内記憶」や「自然なお産」の展開において、産婦人科医が最も重要な役割を担ってきたことはすでに見た通りである。

彼ら独自の価値観に立って、産科医療とスピリチュアリティの融合が、良好な妊娠・出産にとって肝要であることを説いたり、既存の宗教を引用したりして自身の価値観に組み込む様子もうかがわれる。医師自身が科学を基盤とする医療のあり方を否定して、医薬品や医療器具に頼らない妊娠・出産の重要性を主張したり、代替療法の使用を積極的に推奨したりすることさえある。

さらに、産科医療とスピリチュアリティを結びつけるのに、日本では助産婦も大きな役割を担っている。彼女たちは助産婦として妊娠・出産に深く関わると同時に、自分自身も妊娠・出産を経て母親となる体験を持っていることが多い。また、独立して産院を開設することができるなど、独自の権限が与えられている。さらに、助産婦は妊娠・出産に挑む女性たちの生活指導を行い、深くコミットするという役割を担っている。歴史的に見ても、日本では助産婦たちが妊娠・出産のあり方をリードしてきたと言える。

しかし、今日の医療制度では、助産婦は基本的に医療行為が認められておらず、産院を開設する場合でも医師や医療機関への嘱託が義務付けられている。そして、難しい出産の場合には病院に妊婦を搬送する義務があるなど、助産婦が関与できる範囲には制限が課されている。

そのなかで、医師と異なる立場にあることをアピールしつつ、独自性を押し出そうとしてきた助産婦が注目されてきた。それが、代替療法の積極的な導入につながったりしている。特に日本ではホメオパシーのレメディが医療の代替としてではなく、妊娠・出産に立ち向かう妊婦の心を育む独自の治療効果を持つものとして、助産婦を介して一定の広がりを示してきた。

産婦人科医、助産婦が中心的な役割を担うことで、妊娠・出産のスピリチュアリティから医療のありようが批判されるのと同時に、医療がスピリチュアリティと融合するという一見矛盾した状況が現れている。そして、こうした状況には産科医療の特殊性が関わっているのではないかと思われる。というのは、科学一辺倒ではなく、女性の身体性に配慮しながら出産に導くという産科医療のあり方は、生命や社会に対するものの見方に少なからず影響を与えてきたからだ。また、産科医療は、母体や子どもの生死に大きく関わる立場であることから、医師が独自の生命観を抱く可能性もある。何より、妊娠・出産が歴史的に宗教と密接に結びついてきた事実を踏まえるなら、産科医療がスピリチュアリティに接近することはそれほど特異なことではない。

さらに、スピリチュアリティに心を向ける医師や助産婦からは、自身もカリスマとしての地位を獲得して女性や社会に対する影響力を持ちたいという願望が透けて見える。それは産婦人科医や助産婦が出産という局面だけでなく、妊娠・出産に向き合う女性の生き方にまで関心を向け、時に彼女たちの人生の岐路に立ち会う場合もあることと無関係ではないだろう。やや話は逸《そ》れるが、現代日本社会において、いまだに産科医療が無痛分娩の普及や、ピルや避妊薬の解禁に消極的なのは、妊娠・出産のイニシアチブを移譲することへの忌避感も影響していると推測される。

妊娠・出産のスピリチュアリティを重視する立場から、医療のあり方そのものに対する具体的な批判が展開されるわけではないのもこうした価値観と関係している。第四章で論じた「自然なお産」について振り返ってみよう。翻訳されて日本に紹介された海外の「自然なお産」に関する書籍では、現代医療を批判する主な理由として、医療が男性中心になされていることが挙げられている。そして、男性中心の医療では女性の身体がモノのように扱われ、人間らしい対応が十分なされていないことへの不満が表明されている。

対照的に、日本での「自然なお産」をめぐる言説や、さらに「子宮系」や「胎内記憶」においては、男性中心の医療に対する批判は目立って展開されてはいない。助産院の権限が制限されていることに対して助産婦が不満を示すことはあるが、それが男性中心の医療への批判にまで至ることはない。そして、それに代わるかのように、男性医師によって古い女性観に基づいた「女性らしさ」の称揚が示される。それが、妊娠・出産を経て聖なる〈母〉になることの意味をさらに強化し、より一層強い聖性を帯びたイメージとして現出させている。

このように振り返ると、産科医療とスピリチュアリティとの密接な関係は、個別の医師や助産婦に要因があるというよりは、産科医療そのものにスピリチュアリティとつながりを持つ素地が培われていると考えられるのである。

フェミニズムとの関係

日本社会における妊娠・出産のスピリチュアリティは、フェミニズムが切り捨てられたことが大きな特徴として挙げられる。世界的にも、また日本においても、女性の身体についての権利を主張し、尊重する道を切り開いたのは間違いなくフェミニズムの功績である。にもかかわらず、日本社会では妊娠・出産をめぐるスピリチュアリティからフェミニズムが切り捨てられたのはなぜだろうか。女性の身体に意味や価値を見いだすためには、フェミニズムを切り捨てるという選択の方がむしろ不利ではないだろうか。

実際に、八〇年代から九〇年代において、妊娠・出産のスピリチュアリティはフェミニズムの主流であったウーマン・リブと距離を置く立場にあったものの、フェミニズムの枠の内側に位置づけられていた。そしてそこでは、「自然」と接続する女性の身体性が、家父長制としての家族や、「文明化」した社会に対するカウンターの意味も持つものとして重視されていた。

だが、「スピリチュアル市場」では、妊娠・出産のコンテンツからフェミニズムが排除されている。妊娠・出産に関わるメソッドの数々において、女性の身体性に過剰なまでのこだわりが見られるのは、そのことを示すものに他ならない。さらには、「女性らしい」身体性を自分自身でつくり上げることが推奨されるだけでなく、美しさや優しさ、前向きな明るさといった「女性らしさ」を内面化することの重要性も強調されている。特に「子宮系」においては、保守的な「女性らしさ」を身につけることで女性としての自分に自信をつけたり、社会のなかに確固たる居場所を見つけたりすることが目指されている。これらはいずれも、「女性らしさ」を束縛するものととらえ、そこからの女性の解放を目指すフェミニズムとは対極に位置する。

さらに、医療とフェミニズムの関係については、医療は歴史的に見てフェミニズムとの親和性が高いとは言い難い。現代医療においても、フェミニズムとは相反する価値観が内包されている。医療のイデオロギーがスピリチュアリティと融合するなかで、また男性が主導するコンテンツが広まりを見せるなかで、男性中心の医療に対する批判が妊娠・出産のスピリチュアリティにおいて展開されなかったのは当然の成り行きと言える。

また、妊娠・出産をめぐるスピリチュアリティからフェミニズムが捨象されていったのは、先述した「家庭」観とも関係している。フェミニズムは一貫して、女性に育児や家事を一方的に担わせることを批判してきた。だがすでに述べたように、二〇〇〇年代における妊娠・出産のスピリチュアリティをめぐる言説では、女性が家事や育児を中心としてケアに従事する「家庭」という枠組みがむしろ重視される傾向にある。妊娠・出産のスピリチュアリティに見られる「家庭」は特有の意味を持ち合わせているものの、そのなかで育児や家事に勤《いそ》しむ女性の価値を重視する立場はフェミニズムの主流と相反する。

さらに、すでに指摘したように、フェミニズムを捨象することは、妊娠・出産のスピリチュアリティにおいて「家庭」の外部が捨象されてきたことと関係している。それは同時に〈母〉となることで、子どもとともに社会から孤立する状況が前提となっている。

そしてこれらの点以上に重要なのは、妊娠・出産をめぐるスピリチュアリティでは、妊娠・出産する女性としての身体性が全面的に肯定されて、その先に聖なる〈母〉としてのイメージが位置づけられていることである。

フェミニズムは妊娠・出産について、必ずしも肯定的な価値観を掲げてきたわけではない。また、妊娠・出産という選択肢への葛藤から、女性を救うための思想でもない。多様に展開されてきたフェミニズムのなかにそうした一派がなかったわけではないが、第五章で整理したように歴史の主流からは消えていった。それよりもフェミニズムはむしろ、妊娠・出産とは何か、その身体性を生きる女性とは何か、あるいは誰なのかということについて問い続け、議論を重ねてきた。

だが、妊娠・出産のスピリチュアリティは、妊娠・出産に聖性を見いだし全面的に肯定する。したがって、第五章で指摘したように、現代社会における妊娠・出産のスピリチュアリティは、フェミニズムから取りこぼされた妊娠・出産を受けとめる役割を担っていると考えてよいだろう。妊娠・出産のスピリチュアリティをめぐる言説において、フェミニズムに批判的な立場が表明されてきたのはその結果ではないだろうか。こうしてスピリチュアリティは、少なくとも妊娠・出産を選ぶ女性たちや、フェミニズムに否定的なイメージを抱く女性たちに対して、一定のメッセージ性を有するようになったと考えられるのである。

そして逆に言えば、こうした妊娠・出産のスピリチュアリティに対して、フェミニズムはどのように応答することができるのだろうかという課題が残されているのである。

「スピリチュアル市場」との関係

最後に、妊娠・出産のスピリチュアリティが広まるなかで、「スピリチュアル市場」がどのような役割を担ったのかを見ておこう。一体なぜ、妊娠・出産のスピリチュアリティが「スピリチュアル市場」の登場をきっかけに注目されるようになったのだろうか。その背景には、現代社会のどのような状況があるのだろうか。

妊娠・出産する身体性を聖化するメソッドは、具体的には女性が自分の手で自らの身体をケアする方法として提示されている。身体を温めるだとか、食事の内容をはじめ生活習慣を根底から変えるとかいう営みは、自分で自分をケアして労《いたわ》る行為でもある。ややもすればやっかいなものと受けとめられがちな月経さえ、美容と健康を保つためにケアすべきものとして前向きにとらえることが推奨される。さらに、まだタブー視されることの多い女性性器のケアをきちんと行うべきものとしてとらえるのも、一定のニーズがあればこそだろう。こうした自分の身体に対する関心の高さが、「市場」を通したスピリチュアリティへの入り口となっていることは間違いない。

だが、そうした情報が人気を集めるのは女性のナルシシズムが理由ではない。それどころかそれは、妊娠・出産という選択肢を迫られる身体性を生きるなかで、その身体性とうまく折り合いをつけるための一つの方法として示されているのである。言い換えれば、産む性というやっかいな身体性に、戦略的に向き合う生き方を選ぶことに他ならない。

すでに見たように、妊娠・出産する身体をケアする努力を重ねたり、あるいはその存在自体を聖性を帯びたものとしてとらえ、自らの身体性に向き合ったりしているうちは、妊娠・出産の価値から疎外されることはない。しかし、そうした方法が「市場」で人気なのは、現代社会では妊娠・出産が女性にとって、いかに自分の人生を大きく変容せしめるほどの重荷であるかを如実に物語るものと言えよう。

あらかじめ変容への心づもりをしておけば、妊娠・出産に迷ったり悩んだりすることはないかもしれない。さらに、「家庭」という枠組みの外側に対する期待、例えば妊娠・出産する女性や育児への社会的支援、キャリアに変容をきたさない職場環境の形成などに対して、最初から当てにしないで済む。その上で、妊娠・出産する身体に聖性が付与されるなら、この身体性を生きることにもそれなりに価値がある、というようにとらえることができるだろう。「スピリチュアル市場」での妊娠・出産のコンテンツが広まった背景に、妊娠・出産をめぐる女性たちの葛藤そのものがあることは間違いない。

したがって、「スピリチュアル市場」での妊娠・出産に関するコンテンツから透けて見えるのは、社会に対して女性たちが前向きに諦めようとする態度だとも言える。

そして、そうした態度は男性に対しても影響を及ぼしている。すでに触れたように、「スピリチュアル市場」における妊娠・出産のコンテンツには、男性の存在感が希薄である。そのことは、家族を維持していく上で重要なパートナーであるはずの男性に対する、期待の薄さを示唆するものでもある。「家庭」観が家父長制の復古ではなく、女性が〈母〉としての役割を全うするための枠組みとして示されているのもそのためである。男性は、女性が〈母〉として生きる「家庭」を構築するのに役立つ限りで期待されるにすぎない。

また、すでに指摘したように〈母〉になる女性自身の母親にも出番が与えられていないが、それは現実の母子関係そのものを排除することで、母になることの葛藤や悩みを根本から排除しようとする試みだと考えられる。

ただし、〈母〉たる女性自身の母親の役割が重視されていたとしても、母子癒着の関係性がそこで希求されているわけではないことに注意する必要がある。すでに触れたように母子中心の「家庭」の枠組みが強く打ち出されているのは、日本社会の現実のなかで結果的にそうなる他なかったからである。よほど恵まれていない限り、現代社会において母子という関係は社会のなかで孤立せざるをえない。だとしたら、最初から母子という関係の構築に重きを置いて「家庭」のなかで生きることに取り組めば、負担と思わずに済むかもしれない。

しかし、そこに危うさが見え隠れしている。すでに触れたように、「スピリチュアル市場」でどのようにコンテンツを選択し受容するかは、個人の裁量に委ねられている。そのことは、宗教教団と異なり権威や組織にとらわれずに済ませられることを保証する反面、選択の仕方によってはより深い依存性を生み出す可能性があることも意味するからである。

なぜなら、コンテンツの選択にあたっては、自分にとって最も都合の良い組み合わせを自由に選好することができるが、他の選択の可能性の排除を伴うことによって、ある意味で独善的な価値観への固着をもたらしうるからである。一般的に、こうした依存性を予防するためには、現実の人間関係の多様性に触れることが欠かせない。例えば親しい家族や友人、知人がいれば、自ずと多様な価値観に触れることができて、一つの価値観へのこだわりにとらわれるのを避けることができるだろう。

しかし、結果的にであれ「家庭」で母子が孤立するなかでは、心地よい消費財に依存する要素が生じやすい。「スピリチュアル市場」でのコンテンツを入り口に、関連著者のイベントや、スクーリングなどに傾倒して、必要以上にお金を使ってしまうケースが現れて社会問題化するのもそのためである。さらに、健康情報と密接に関係しているため、時として医療に対する不信感を増幅させる可能性もある。特に妊娠中や出産時、さらに育児は何かと不安にかられやすいため、自分が信頼しうるコンテンツに寄りかかる可能性も含まれている。その結果、母親だけでなく子どもにも健康被害が及ぶことが考えられる。

さらに第一章で述べたように、「スピリチュアル市場」に関わる人びとはコンテンツをもっぱら消費する側と、供給する側とに画然と分かれているわけではない。専門家としての供給者でないとしても、一般の消費者が横につながるなかで、互いに供給者の役割を演じるのは「スピリチュアル市場」ではよく見られることである。特にSNSの普及によってそうした関係が促進されており、「家庭」を維持する同じような価値観を持つ〈母〉同士の間でその傾向が見られる。

それは、妊娠・出産への葛藤や、〈母〉となることの困難を理解してもらうには、男性よりも同じ立場にある女性の方がはるかに共感を得やすいということが関係している。だからこそそうした状況に一度嵌《は》まってしまうと、なかなか抜け出しにくいことも考えられる。なぜなら教団という組織に所属するよりも、悩みや不安を共有し合える心地よい共同性がネットを通じて簡単に手に入れられるからである。だがそれは孤立した母親たちにプラスの方向に働くこともあれば、依存度を深めてしまう危険性をもたらすこともある。場合によっては、そうした共同性によって共有される価値観に信頼を置くあまり、家族の意見すらも受け付けず周りが見えない状態に陥ることにもなりかねない。

こうした危うさを抱えつつも、それでも「スピリチュアル市場」を通して妊娠・出産に関するコンテンツが広まった背景にあるのは、「仕事か出産か」「キャリアか母親か」という選択を女性だけに一方的に迫る社会である。しかも、女性がどの選択肢を選んだとしても必ず社会からの評価が付いて回る。

妊娠・出産を選ばなかった場合は、なぜ母親になろうとしなかったのかが問われるだろう。健康の事情で妊娠・出産にまで至ることができなかった女性に対しても、世間の評価は寛容とは言えない。日本の不妊治療が世界的に見て特に盛んなのは、こうした社会的圧力と関係している。「卵子の老化」といったイデオロギーが声高に叫ばれるのも、それと同根である。しかも、無事に妊娠・出産に至ってもそれでゴールではないし、女性として「合格」であるとの判定が得られるわけでもない。その背後には、日本社会に根強い女性差別や、育児のための社会システムの貧困、そして日本社会そのものの先行きの見えない経済的な行き詰まりがある。

いずれにせよ、日本という社会において妊娠・出産は女性の人生に負担とともに大きな変容を迫る。男性が子どもを持ちながらも、仕事に専念できる人生が保証されているのと比較すると、その違いが一層際立ってくる。

こうした変容を受動的にではなく能動的に働きかけるなら、妊娠・出産を経て〈母〉になることを、外部に期待することなく、自身の内面からの積極的かつ純粋な希望としてとらえる必要がある。そのためには、妊娠・出産を経て〈母〉となる身体を、自分の手で積極的に肯定して導かなくてはならない。そこで女性としての自身の身体性と、妊娠・出産とを言うなれば祝祭に導く手段として、妊娠・出産のスピリチュアリティは「市場」で需要を得る。だがその先にあるのは、〝聖別〟された〈母〉と子ども、そしてその関係によってのみ構成される「家庭」である。そして、女性を取り巻く状況が変化する兆しが見えないなかで、「スピリチュアル市場」では新たなコンテンツが生み出されているのである。

おわりに

妊娠・出産のスピリチュアリティについて研究をしていると、得てして私自身が妊娠・出産に何か思い入れを持っているようにとらえられることが少なくない。実際、そのように問いかけられたこともあった。だが、私について言えば子どもがいないし、妊娠・出産について特別に悩んだという経験すらない。ただぼんやりと日々を過ごしていたら、いつの間にか四〇代に突入してしまった。

そのような漠然とした感想を持つ私が妊娠・出産のスピリチュアリティに関心を持つようになったのは、このところ毎年のように足を運んだ「癒しフェア」がきっかけである。「癒しフェア」は毎年、夏頃に東京ビッグサイトで開催される大規模なイベントで、スピリチュアリティに関連する商品をアピールしたり実際に体験・購入したりできるブースが各種設けられている。会場ではまた、さまざまな講演会やパフォーマンスイベントが開かれたりしている。そのなかには、海外から招かれた有名なヒーラーがヒーリングについての講演やセッションを行ったりするものもある。「スピリチュアル市場」を具現化したイベントと言えるだろう。

そうした「癒しフェア」で妊娠・出産に関するコンテンツが目立つようになった。例えば、不妊治療や育児方法について独自の見解を持つ産婦人科医や小児科医が講演を行ったり、セラピストが「子宮系」についての持論を展開したりする様子も見られた。また、会場では子宮を「温める」ための布ナプキンや下着なども販売されるようになった。有名なタレントによる不妊治療の体験談を会場で聞いていた際には、なぜだか私自身が妊娠・出産に対する奇妙な圧迫感を感じたりもした。

さらに、スピリチュアルな情報を集めた雑誌「TRINITY」が会場で販売されているが、それに妊娠・出産についての情報が多く掲載されているのも目につくようになった。なかでも二〇〇九年夏号に「産める母体のつくりかた」と題して、妊娠・出産にまつわる特集が組まれていたことは印象的だった。こうした情報に接するうちに、次第に妊娠・出産とスピリチュアリティの関わりに関心を寄せるようになったのである。

他方でここ数年、こうした動向と対抗するように、書籍やウェブを通して妊娠・出産のスピリチュアリティについて批判する意見も散見するようになった。それは、妊娠・出産のスピリチュアリティに関する言説が金銭問題や健康問題を誘発する内容を含んでいたり、周囲との人間関係を棄損するケースが起こったりしたことが背景にある。確かに、妊娠・出産とスピリチュアリティの親和性が高くなるほど、その危うさがより顕著になることは本書でも論じてきた通りである。

ただし、こうした批判が的を射たものだったかと言えば、必ずしもそうではない。批判的見解のなかには例えば「スピリチュアル」「スピリチュアリティ」という言葉の意味を十分に吟味していなかったり、実際に「スピリチュアル市場」で流通しているコンテンツについて十分に精査していなかったりする意見も見られる。また、医療や科学の観点に過剰とも思える信頼を寄せる傾向が顕著に見られるのも、こうした批判的見解の特徴である。

だが、現代社会は価値観が細分化されていて、どれが「正しい」ものの見方なのかについて揺るぎない確信を容易に持つことができない（宗教社会学者のピーター・L・バーガーは皮肉にもこうした状況を"Homeless Mind"と表現している）。もちろん医療や科学に基づく知識は、われわれの健康や命を守るのに必要不可欠である。だが医療や科学もイデオロギーを帯びることで、固有の価値観や世界観を提示するものになることに注意する必要があるのではないか。本書でも指摘した通り、妊娠・出産のスピリチュアリティと不可分の関係にあることがその証左と言えるだろう。頭ごなしの批判は、こうした関係性をも見えにくくしてしまっているだけでなく、そこに含まれる問題を分かりにくくさせてしまっている。

しかし、妊娠・出産という普遍性を帯びたトピックにはもともと、スピリチュアリティとの深い結びつきがある。それは妊娠・出産が人間の生命の基幹を成しているからだけでなく、女性性器を持つ女性の身体性のありように焦点を当てる事象でもあるからだ。こうしたことを考慮すると、妊娠・出産のスピリチュアリティは今後も社会から消えるどころか、何らかの形で続いていく普遍性を帯びた事柄であると考えられる。

そして改めて確認しておきたいのは、この国は女性にとってもはや妊娠・出産を自明のものとしていない、あるいはしたくてもできない状況にあるということだ。そうした社会にあって、妊娠・出産をめぐる「スピリチュアル市場」が顕在化したことはどのような意味を持つのか、時間をかけて検討すべき課題を含んでいる。今日の女性とスピリチュアリティをめぐる見方に、本書が一石を投じることができれば幸いだ。

他方で現在のことを論じるためには、本書では十分に言及できなかった七〇年代から九〇年代の妊娠・出産とスピリチュアリティの関わりの変遷や、産科医療内部での変化、さらにはフェミニズムの影響についても目を向ける必要がある。今回は紙幅の都合もあり、また「スピリチュアル市場」に注目したため、こうした課題に十分に取り組むことができなかった。別の機会に改めて論じたい。そしてそれは、妊娠・出産から距離のある立場に立つ私だからこそ取り組むべき課題だと考えている。

本書を執筆する直接のきっかけになったのは、雑誌「現代思想」二〇一九年一一月号で特集された「反出生主義」に私の論考が掲載されたことである。哲学者デイヴィッド・ベネターの議論を土台に展開された「生まれてこない方が良かった」ということを突き詰めた議論は、現在も注目を集めている。興味深いことにベネターは、反出生主義の可能性が見いだされる社会として、少子化の進む日本について言及している。私は反出生主義の持つある種の「思考実験」に興味を覚えながらも、妊娠・出産のスピリチュアリティに触れながら女性の産む性を安易にとらえるベネターの言説を批判的に論じた。そして、予想を上回る雑誌への反響をもとに開かれたシンポジウムに登壇したことをきっかけに、編集者の藁谷浩一さんに声をかけていただいた。藁谷さんにはコロナ禍で大変ななか、粘り強く付き合っていただいたことに改めてお礼を申し上げたい。

また、本書は二〇一九年二月の神戸での「市民社会フォーラム」学習会において、「スピリチュアリティと生活――ジェンダーの視点から」と題して発表する機会を与えていただいたことも影響している。さまざまな世代、社会背景、ジェンダーの来場者の方々からのリアクションは議論を展開する上で刺激を受けるだけでなく、研究の意義について改めて手ごたえを感じた機会であった。この場を借りて、改めて感謝を申し上げたいと思います。

二〇二一年六月

橋迫瑞穂

註

【第一章】

＊1　この点については、島薗進の『精神世界のゆくえ――現代世界と新霊性運動』（東京堂出版、一九九六年）および『ポストモダンの新宗教――現代日本の精神状況の底流』（東京堂出版、二〇〇一年）を参照している。なお、これらの著作で島薗は新霊性運動という言葉を使用しているが、『スピリチュアリティの興隆――新霊性文化とその周辺』（岩波書店、二〇〇七年）やその後の著作では主として新霊性運動・文化という言葉を使用しているので、本書でもこの表現を用いることとする。

＊2　スピリチュアルという語彙がどのように使用されているかについては、橋迫瑞穂「スピリチュアル――曖昧な『スピリチュアル』という可能性」「現代思想二〇一九年五月臨時増刊号　総特集　現代思想43のキーワード」（青土社、二〇一九年、二二二～二二六頁）を参照されたい。また、「スピリチュアル市場」の成り立ちそのものについては、橋迫『占いをまとう少女たち――雑誌「マイバースデイ」とスピリチュアリティ』（青弓社、二〇一九年）でより詳しく議論をしている。

＊3　新宗教、新新宗教という区分は島薗の考えに基づくもので、この区分けに対して批判的な意見もある。詳しくは井上順孝「〈新新宗教〉概念の学術的有効性について」「宗教と社会」第三号（一九九七年、三～二四頁）を参照されたい。ただし、本章は女性の立場を整理するために、新宗教、新新宗教という区分を使用している。

＊4　詳しくは堀江宗正『ポップ・スピリチュアリティ――メディア化された宗教性』（岩波書店、二〇一九年）を参照されたい。
＊5　ハレ・ケ・ケガレについては桜井徳太郎『結衆の原点――共同体の崩壊と再生』（弘文堂、一九八五年）に詳しい。
＊6　詳しくは田中ひかる『生理用品の社会史――タブーから一大ビジネスへ』（ミネルヴァ書房、二〇一三年）を参照されたい。
＊7　スピリチュアル・アビューズの具体的な事例や内容については、藤田庄市『カルト宗教事件の深層――「スピリチュアル・アビューズ」の論理』（春秋社、二〇一七年）で詳しく論じられている。
＊8　エホバの証人、統一教会など新新宗教の二世問題については主に、米本和広『カルトの子――心を盗まれた家族』（文藝春秋、二〇〇〇年）に紹介されている事例を参照した。
＊9　同じ特徴を持つ新新宗教としてヤマギシ会が挙げられる。ヤマギシ会では、農業を中心とする集団生活を送るなかで、子どもを共同で育てるという思想を育んでいた。しかしそれは結局、誰もが子どもに対して責任を負わないネグレクトなどの虐待を引き起こしたことが指摘されている。詳しくは米本和広『洗脳の楽園――ヤマギシ会という悲劇』（洋泉社、一九九七年）を参照されたい。
＊10　宗教の「世俗化」については、ピーター・バーガーの見解に基づいている。Berger, Peter L., 1967, *The Sacred Canopy: Elements of a Sociological Theory of Religion*, New York: Doubleday & Co.（薗田稔訳『聖なる天蓋――神聖世界の社会学』新曜社、一九七九年）
＊11　「再聖化」「脱世俗化」という考えについては、西山茂「現代宗教のゆくえ」大村英昭・西山茂編

『現代人の宗教』（有斐閣、一九八八年、二一一〜二二八頁）を参照されたい。

【第二章】

＊1　二〇一六年六月四日に放送された生活情報番組「王様のブランチ」（ＴＢＳ）のコーナー「『ブックファースト　ルミネ新宿店』文芸書ランキングＴＯＰ10」のなかで、八位を記録している。

＊2　国立国会図書館の検索システム（NDL ONLINE）で「スピリチュアル市場」が広まった二〇〇〇年から二〇一九年までの間に発行された書籍で、「子宮」が表題につく書籍を検索した。二〇〇〇年以前には「子宮」を表題に含む一般向けの書籍は多くなく、その数少ない書籍も特定の疾患を扱ったものがほとんどである。その結果、「子宮系」に分類される書籍は三六冊となった。

＊3　日本産科婦人科学会や日本生殖医学会は、例えば高校生に向けた保健体育の啓発教材に改ざんした「女性の妊娠しやすさの年齢変化グラフ」を掲載するなどして、若いうちに妊娠・出産させる言動を活発化させている。そのなかで、「卵子の老化」も強調されてきた。この経緯については、『文科省／高校「妊活」教材の嘘』（西山千恵子・柘植あづみ編、論創社、二〇一七年）を参照されたい。

＊4　池下育子は二〇一三年に『子宮を温め健康になる25の習慣』（新星出版社）という、西洋医学だけでなく東洋医学によって「子宮」を温める方法を解説した本を出版している。

＊5　同書でこの考えは産婦人科医の池川明によるものだとはるは述べている。池川明に関しては第三章で取り上げたい。

【第三章】

＊1　胎教の世界的な歴史については、寺崎弘昭「17世紀イギリスにおけるヨーロッパ胎教論の一水脈――トマス・トライオンの教育思想」東京大学教育学部編「東京大学教育学部紀要」第三四巻（一九九四年、一～二〇頁）、長谷部英一「中国における胎教の思想」横浜国立大学技術マネジメント研究学会「技術マネジメント研究」第四号（二〇〇四年、三七～四四頁）などを参照されたい。

＊2　詳しくは種田博之「知識の科学的様式化――『胎教』に関する言説についての分析」関西学院大学社会学部研究会「関西学院大学社会学部紀要」第七八号（一九九七年、一二一～一三一頁）を参照されたい。また、日本の胎教の歴史そのものに焦点を当てた研究として中江和恵「胎教思想の歴史的検討」日本教育学会機関誌編集委員会編「教育学研究」第五〇巻第四号（一九八三年、三四三～三五二頁）も挙げられる。

＊3　国立国会図書館の検索システム（NDL ONLINE）で、一九九〇年から二〇一九年までに刊行された「胎教」と「胎内記憶」を表題に含む書籍を検索した。その結果、「胎教」が表題に入った本は一九九〇年代のものが九冊、二〇〇〇年代以後のものが八冊抽出された。また、「胎内記憶」を表題に含む書籍は一九九〇年代のものが一冊、二〇〇〇年代以後のものが一一冊抽出された。本章ではこの二九冊の著作をもとに検討を進めていく。

＊4　「脳科学ブーム」とは、科学によって解明された脳の仕組みや、その潜在的な力を見いだすことを重視する内容の書籍が九〇年代に相次いで出版されたことを指す。なお、脳科学に関する情報は定期的に人気を集めている。

＊5　本書では、再版されたLeboyer, Frédérick, 1980, *Pour une naissance sans violence*, Paris: Éditions du Seuil.（中川吉晴訳『暴力なき出産――子どもは誕生をおぼえている　バースサイコロジー』アニマ2001、一九九一年）を参照しているが、『暴力なき出産』は一九七四年に初版が出版されていて、一九七六年に一度翻訳されて日本にも紹介されている。

＊6　ダウジングとはペンデュラムと呼ばれる振り子や独特の形をしたロッドを使用して、探し物を見つけたり霊的なエネルギーを感知したりする方法である。古い歴史がある一方で、「スピリチュアル市場」でも再び注目を集めている。

＊7　レイキとは体の悪い部分に手を当てて、「宇宙」からの気を送り込むという精神療法の一種である。

＊8　フラワーパッチレメディとは植物の波動を水に転写して、その転写した水を「治療」に使うという考えに則ったホメオパシー療法の一種である。

＊9　スピリチュアリズムとは死者や霊魂との交流を目的とした降霊会などの興隆のことで、一九世紀半ばのアメリカを中心に発生し欧米を中心に支持を集めた。スピリチュアル／スピリチュアリティはスピリチュアリズムの影響を受けているものの、異なるカテゴリーであることに注意されたい。

＊10　二〇二一年六月現在。

【第四章】

＊1　具体的には、一九八〇年にイギリスのジャーナリストであるダナエ・ブルックが自身の体験を踏まえて書いた『自然出産――女の自立とゆたかなお産』（横尾京子ほか訳、批評社）が翻訳、紹介された

ことがきっかけと言える。この著作をきっかけに、日本国内でも「自然なお産」に関する一般向けの書籍が出版されるようになった。

＊2　本書では「助産婦」という表記を使用する。二〇〇二年から法的な名称としては助産師が使用されるようになったが、それ以降に出版された書籍においても助産婦と表記されることが多い。混乱を避けるために助産婦を統一して使用する。

＊3　国立国会図書館の検索システム（NDL ONLINE）で、「自然」または「ナチュラル」と「お産」または「出産」のキーワードを組み合わせて書籍をそれぞれ検索した。その結果、「自然なお産」に関する書籍は八〇年代に七冊、九〇年代に六冊であったのに対して、二〇〇〇年から二〇一九年までの二〇年間には二五冊とほぼ倍増していることが明らかになった。この二五冊は延べ数である。延べ数にしたのは、ラマーズ法を日本に広めた杉山次子による『自然のお産がいちばん――いま話題のラマーズ法を身につける』（ラマーズ&エデュケーション研究所、二〇〇〇年）が四巻にわたり出版されているためである。

＊4　「リーディング」とは占いに近い「スピリチュアル」なセッションの一つで、相手のオーラや波動の他に、タロットカードや手相などからその人の様子を探る方法のことを指す。一方で頭蓋仙骨療法とは、頭蓋骨にアプローチして解きほぐすことで全身のリラックスを誘導し、脳を刺激するとされるセラピーの一つである。

＊5　「たいわ士」「胎話士」「対話士」をめぐっては表記が著作によって異なっている。これは「たいわ士」が商標登録されていることと関係していると考えられる。同書では「対話士」と表記されているが、

その役割は「たいわ士」と同じであると推測される。

【第五章】

＊1　詳しくはCrowley, Karlyn, 2011, *Feminism's New Age: Gender, Appropriation, and the Afterlife of Essentialism*, New York: SUNY Press. を参照されたい。

＊2　江原のイリイチと青木に対する批判については、江原由美子「女性解放論の現在」『女性解放という思想』（勁草書房、一九八五年、二一～六〇頁）を参照されたい。

＊3　田中による議論は田中美津「津田梅子もオニババなの？――トンデモ本『オニババ化する女たち』を批判する」『かけがえのない、大したことのない私』（インパクト出版会、二〇〇五年、一五四～一六六頁）を参照されたい。

＊4　詳しくはElias, Norbert, 1969, *Über den Prozess der Zivilisation*, Bern: Francke Verlag.（赤井彗爾ほか訳『文明化の過程』上下巻、法政大学出版局、一九七七～一九七八年）。

＊5　マーガレット・ミードの議論に関しては、一部批判が展開されている。詳しくは太田和子「ミード――偉大なる啓蒙主義者」綾部恒雄編著『文化人類学群像1〈外国編1〉』（アカデミア出版会、一九八五年、三三一～三四八頁）を参照されたい。

＊6　シャドウ・ワークとは、家事労働など賃金が発生しないが、生活を営む上で必要とされる労働のことを指す。ヴァナキュラーとは、その土地固有の伝統や文化に基づく様式のことを指す。いずれも生活を営む上で、性別役割分業の基底にあるとイリイチは主張した。シャドウ・ワークやヴァナキュラーに

ついて詳しくは Illich, Ivan, 1981, *Shadow Work*, London: Marion Boyars.（玉野井芳郎・栗原彬訳『シャドウ・ワーク』岩波書店、一九九〇年）を参照されたい。社会学者の上野千鶴子はイリイチが近代批判を展開する上で、イデオロギーと現実を取り違えていると指摘した上で、青木が打ち立てようとした「新しいフェミニズム」は「女性賛美」の裏返しであり、新しさが何もないと厳しく批判している。また、上野は人類学における女性の見方そのものに対しても検討を行っている。詳しくは上野千鶴子『女は世界を救えるか』（勁草書房、一九八六年）を参照されたい。

橋迫瑞穂（はしさこ みずほ）

一九七九年、大分県生まれ。立教大学大学院社会学研究科社会学専攻博士課程後期課程修了。立教大学社会学部他、兼任講師。専攻は宗教社会学、文化社会学、ジェンダーとスピリチュアリティ。また、ゴシック・ロリータやゲーム、マンガなどのサブカルチャーについても研究している。著書に『占いをまとう少女たち――雑誌「マイバースデイ」とスピリチュアリティ』（青弓社）がある。

妊娠《にんしん》・出産《しゅっさん》をめぐるスピリチュアリティ

集英社新書一〇八〇B

二〇二一年八月二二日　第一刷発行
二〇二二年九月二六日　第二刷発行

著者……橋迫《はしさこ》瑞穂《みずほ》
発行者……樋口尚也
発行所……株式会社集英社
東京都千代田区一ツ橋二-五-一〇　郵便番号一〇一-八〇五〇
電話　〇三-三二三〇-六三九一（編集部）
〇三-三二三〇-六〇八〇（読者係）
〇三-三二三〇-六三九三（販売部）書店専用

装幀……原　研哉
印刷所……大日本印刷株式会社　凸版印刷株式会社
製本所……株式会社ブックアート

定価はカバーに表示してあります。

ISBN 978-4-08-721180-1 C0236

社会――B

- 原発訴訟が社会を変える　河合弘之
- 奇跡の村　地方は「人」で再生する　相川俊英
- 日本の犬猫は幸せか　動物保護施設アークの25年　エリザベス・オリバー
- おとなの始末　落合恵子
- 性のタブーのない日本　橋本 治
- ジャーナリストはなぜ「戦場」へ行くのか　危険地報道を考えるジャーナリストの会・編
- 医療再生　日本とアメリカの現場から　大木隆生
- ブームをつくる　人がみずから動く仕組み　殿村美樹
- 「18歳選挙権」で社会はどう変わるか　林 大介
- 3.11後の叛乱　反原連・しばき隊・SEALDs　笠井 潔／野間易通
- 「戦後80年」はあるのか ――「本と新聞の大学」講義録　一色 清／姜尚中ほか
- 非モテの品格　男にとって「弱さ」とは何か　杉田俊介
- 「イスラム国」はテロの元凶ではない　川上泰徳
- 日本人 失格　田村 淳
- たとえ世界が終わっても　その先の日本を生きる君たちへ　橋本 治
- あなたの隣の放射能汚染ゴミ　まさのあつこ
- マンションは日本人を幸せにするか　榊 淳司
- 敗者の想像力　加藤典洋
- 人間の居場所　田原 牧
- いとも優雅な意地悪の教本　橋本 治
- 世界のタブー　阿門 禮
- 明治維新150年を考える ――「本と新聞の大学」講義録　一色 清／姜尚中ほか
- 「富士そば」は、なぜアルバイトにボーナスを出すのか　丹 道夫
- 男と女の理不尽な愉しみ　林 真理子／壇 蜜
- 欲望する「ことば」　「社会記号」とマーケティング　嶋 浩一郎／松井 剛
- ぼくたちはこの国をこんなふうに愛することに決めた　高橋源一郎
- ペンの力　浅田次郎／吉岡 忍
- 「東北のハワイ」は、なぜV字回復したのか　スパリゾートハワイアンズの奇跡　清水一利
- 村の酒屋を復活させる　田沢ワイン村の挑戦　玉村豊男
- デジタル・ポピュリズム　操作される世論と民主主義　福田直子
- 戦後と災後の間――溶融するメディアと社会　吉見俊哉
- 「定年後」はお寺が居場所　星野 哲
- ルポ　漂流する民主主義　真鍋弘樹

a pilot of wisdom

ルポ　ひきこもり未満	池上正樹
中国人のこころ「ことば」からみる思考と感覚	小野秀樹
わかりやすさの罠 池上流「知る力」の鍛え方	池上　彰
メディアは誰のものか ——「本と新聞の大学」講義録	一色　清／姜尚中ほか
京大的アホがなぜ必要か	酒井　敏
天井のない監獄 ガザの声を聴け！	清田明宏
限界のタワーマンション	榊　淳司
日本人は「やめる練習」がたりてない	野本響子
俺たちはどう生きるか	大竹まこと
「他者」の起源 ノーベル賞作家のハーバード連続講演録	トニ・モリスン
言い訳 関東芸人はなぜM-1で勝てないのか	ナイツ塙《ナイツ》宣之
自己検証・危険地報道	安田純平ほか
都市は文化《アート》でよみがえる	大林剛郎
「言葉」が暴走する時代の処世術	太田　光／山極寿一
性風俗シングルマザー	坂爪真吾
美意識の値段	山口　桂
ストライキ2.0 ブラック企業と闘う武器	今野晴貴
香港デモ戦記	小川善照
ことばの危機 大学入試改革・教育政策を問う	東京大学文学部広報委員会・編
国家と移民 外国人労働者と日本の未来	鳥井一平
LGBTとハラスメント	神谷悠一／松岡宗嗣
変われ！ 東京 自由で、ゆるくて、閉じない都市	隈　研吾／清野由美
東京裏返し 社会学的街歩きガイド	吉見俊哉
人に寄り添う防災	片田敏孝
プロパガンダ戦争 分断される世界とメディア	内藤正典
イミダス 現代の視点2021	イミダス編集部・編
中国法「依法治国」の公法と私法	小口彦太
福島が沈黙した日 原発事故と甲状腺被ばく	榊原崇仁
女性差別はどう作られてきたか	中村敏子
原子力の精神史——〈核〉と日本の現在地	山本昭宏
ヘイトスピーチと対抗報道	角南圭祐
世界の凋落を見つめて クロニクル2011-2020	四方田犬彦
「自由」の危機 ——息苦しさの正体	藤原辰史／内田　樹ほか
「非モテ」からはじめる男性学	西井　開